Christoph Morgner (Hrsg.)

Tinte, Thesen, Temperamente

Ein Lesebuch auf den Spuren von Martin Luther

BRUNNEN
Verlag GmbH · Giessen

Meiner lieben Frau Elfriede
für mehr als 50 Jahre
Weg-, Glaubens- und Dienstgemeinschaft

MIX
Papier aus verantwortungsvollen Quellen
FSC® C016439

Lektorat: Eva-Maria Busch
Umschlaggestaltung: Jonathan Maul
Umschlagmotiv: mauritius images, shutterstock
Innenfotos: S. 32 © jmp-bildagentur, J.M. Pietsch, Spröda, mit freundlicher Genehmigung der Stadtkirche Wittenberg
Satz: Uhl + Massopust, Aalen
Druck: Hubert & Co., Göttingen
ISBN Buch 978-3-7655-2064-8
ISBN E-Book 978-3-7655-7450-4

www.brunnen-verlag.de

Inhalt

Einige unerlässliche Gedanken im Voraus

Noch ein Lutherbuch? Als ob die Ladentische davon nicht schon überquellen würden! Luther überall. Doch es lohnt sich, in die Welt von Martin Luther und in seine Zeit einzutauchen. Es gibt dabei vieles zu beobachten und zu lernen. Manches davon kommt uns heute zugute.

Wenn wir über Martin Luther und die Reformation nachdenken, müssen wir uns allerdings davor hüten, das damalige Geschehen an den Maßstäben zu messen, die uns im Laufe der vergangenen 500 Jahre durch Renaissance, Humanismus, Reformationszeit, Aufklärung etc. zugewachsen sind. Es gilt ernst zu nehmen, dass früher vieles anders gesehen wurde, als es heute üblich ist. In einer liberalen Demokratie und Wohlfahrtsgesellschaft fällt es leicht, Luther als „totalitär" und „antijudaistisch" abzukanzeln, wie das häufig geschieht. Doch Normalität und Zeitgeist waren im ausgehenden Mittelalter anders als heute. Deshalb werden wir dem damaligen Geschehen nicht gerecht, wenn wir unsere heutigen Denkmuster gleichsam als Lineal anlegen und dann vollmundige Urteile ausposaunen. Es kommt vielmehr darauf an zu versuchen, die Reformation in ihre Epoche einzuordnen und aus ihrer Zeit heraus zu verstehen.

Dabei stellen wir fest, dass sie nicht isoliert aus dem damaligen Geschehen herausragt, sondern begünstigt ist durch die Umstände der Zeit. Die Reformation kommt nicht von ungefähr. Die Erfindung neuer Techniken in der Buchdruckerkunst hat die Voraussetzung dafür geschaffen, dass die Reformation zum ersten globalen Medienereignis wurde.

Inhaltlich vorgearbeitet haben die sogenannten Vorreformatoren John Wycliff (um 1330–1384), Jan Hus (wohl 1371–1415) und andere. Diese kritisierten ihre Kirche und regten Reformen an: Gottesdienste in der Landessprache, die Bibel in der Hand der Gläubigen, ein ethisch vorbildliches Leben der Geistlichen u.a. Sie wollten Segmente ihrer Kirche erneuern und stießen dabei auf heftigen Widerstand. Bei Martin Luther ging es jedoch nicht um einzelne Elemente, sondern um das Ganze der Kirche und ihrer Theologie.

Der entscheidende Unterschied zur lutherischen Reformation liegt in deren Ausgangspunkt, nämlich der Entdeckung der „Gerechtigkeit Gottes“ als Heilsbegriff und der sich aus dem weiteren Prozess ergebenden qualitativen und quantitativen Dimension. So hat die Reformation zu Beginn des 16. Jahrhunderts kulturbildend gewirkt und das „Evangelische“ zum konfessionellen Markenzeichen erhoben.

Das vorliegende Buch zielt nicht darauf ab, das Leben und Wirken Martin Luthers bis in alle Winkel hinein minutiös zu beschreiben. Vielmehr konzentriert es sich auf wesentliche Aspekte.

Tinte
Auf der Wartburg soll Junker Jörg, so wurde Luther dort genannt, mit dem Tintenfass nach dem Teufel geworfen haben. Wie sich herausstellte: eine fromme Legende. Aber die Tinte spielte dennoch bei Luther eine bedeutende Rolle. Auf den Papierseiten war sie noch nicht eingetrocknet, als die Boten des Druckers die Texte bei Luther abholten. Und das Tag für Tag … lebenslang durchschnittlich fünf Seiten pro Tag!

Thesen
Mit ihnen kam die Reformation in Gang. Es war überhaupt nicht Luthers Absicht, sie zu drucken und zu verbreiten. Er wollte damit lediglich ein Gespräch an der Universität vorbereiten. Und dann das! Luther wurde von der weiteren Entwicklung völlig überrollt.

Temperamente
Luther selbst vereinte in sich mehrere Temperamente. Er konnte laut poltern, aber auch zärtlich und zuvorkommend sein. Mit Philipp Melanchthon, dem Wittenberger Professor für Griechisch, verband ihn eine lebenslange Freundschaft, obwohl beide in ihrem Temperament sehr unterschiedlich waren. „Ich bin der grobe Waldrechter, der

die Bahn brechen muss. Aber Meister Philippus fahret säuberlich und stille daher."

Von all dem wird im vorliegenden Buch zu reden sein. Ich habe viel Grund, den Autoren ausdrücklich und herzlich zu danken, die mit ihren kenntnisreichen Beiträgen das Buch inhaltlich gestaltet haben.

Mein ausdrücklicher Dank gilt auch den beiden, die geduldig Korrektur gelesen haben: meiner Frau Elfriede und unserer Enkelin Miriam Morgner.

Dr. Christoph Morgner, Garbsen
Im Mai 2016

Hans-Dieter Frauer

Als die Welt ins Wanken geriet

Mit seinem Thesenanschlag hat Martin Luther „die Welt in Brand gesetzt“ (so seine eigene Einschätzung in einem Tischgespräch). Und in der Tat hat die Reformation den Gang der Geschichte verändert. Diese Weltveränderung beginnt ganz unscheinbar: Ein Mönch veröffentlicht Thesen in lateinischer Sprache, um zu einer wissenschaftlichen Disputation einzuladen – und setzt damit Kräfte frei, die den Lauf der Welt verändern. Das ist nur aus den bewegten Zeiten damals zu erklären.

Ab etwa dem Jahre 1450 brachen eine verwirrende Fülle von Erfindungen, Entdeckungen und neuen Gedanken über die Menschen herein. Alte, anscheinend fest gefügte Überzeugungen und Glaubensgrundlagen zerfielen. Die Menschen spürten, dass die Welt ins Wanken geraten war und sahen sich unvermutet neuen, bis dahin unbekannten Herausforderungen gegenüber. Sie waren deshalb von Ängsten gequält, befürchteten den unmittelbar bevorstehenden Weltuntergang und das Jüngste Gericht mit Fegefeuer und Hölle.

An diese Ängste erinnert heute das Läuten der Glocken um 12 Uhr, das zum Mittagsgebet auffordert. Entstanden ist es 1456 als „Gebet gegen die Türkengefahr“. Drei Jahre zuvor – am 29. Mai 1453 – hatten die heidnischen Osmanen das christliche Konstantinopel erobert und damit das uralte Oströmische Reich von der Landkarte gefegt. Nun überrannten sie den Balkan. Über Jahrhunderte hinweg waren die lange unbesiegbaren Osmanen der Schrecken Europas – das beweist das „Türkengebet“.

Auch der Begriff „die neue Welt“, der noch heute für Amerika gebraucht wird, ist aus Ängsten heraus entstanden. Mit der Entdeckung Amerikas zerbrach ein frommes, aus der Bibel abgeleitetes Weltbild. Aus dem Besuch der Weisen aus dem Morgenland bei dem neugeborenen Jesuskind schloss man, dass es drei Erdteile gebe; jedes der drei Geschenke wurde als Dankesgabe eines Erdteils gedeutet. Und nun gab es plötzlich einen weiteren, den es doch eigentlich gar nicht geben durfte!

Nicht nur das Wissen um die Erde veränderte sich – so wurde eben jetzt ihre Kugelgestalt wieder entdeckt. Bisher hatte die Erde als Mittelpunkt der Welt und Jerusalem als ihr Zentrum gegolten, weil sich hier das biblisch bezeugte Heilsgeschehen ereignet hatte. Nun wies die neu entstehende Astronomie nach, dass die Erde kein Fixpunkt war, sondern nur ein Planet unter unendlich vielen. Auch das durfte ja eigentlich gar nicht sein. Vertreter der damaligen Kirche verteidigten ihre Welt-Anschauung lange und hartnäckig. Noch im Jahr 1660 wurde in Rom Giardano Bruno von der Inquisition zum Tode verurteilt und verbrannt, weil er das heliozentrische Weltbild mit der Sonne als Mittelpunkt und die Unendlichkeit des Weltraums postulierte.

Schließlich brach sich neues Denken Raum. Man begeisterte sich für die Antike, deren Formen, Kultur und Schriften. Mit Renaissance und christlichem Humanismus zog ein neuer Geist der Lebens- und Weltbejahung in Kunst und Forschung ein. Erstmals bildete sich eine Weltwirtschaft aus. Fugger und Welser häuften Vermögen in bis dahin unvorstellbarem Ausmaß an. Nebenan verschlechterte sich jedoch die Lage der „kleinen Leute“ durch den Übergang zur Geldwirtschaft und das neu eingeführte römische Recht. Für die Bauern wurde die Leibeigenschaft immer drückender. Sie führten ein geradezu erbärmliches Leben – belastet durch hohe Abgaben und bedroht von häufigen Missernten.

Diese wenigen – unvollständigen – Beispiele zeigen, wie total sich das Leben in fast allen Bereichen in dieser Zeit veränderte. Alte, fest gefügte Überzeugungen und Glaubensgrundlagen zerbrachen. Außerdem verbreitete das neue Medium Buchdruck die unerhörten Neuigkeiten rasch und weit. Auch das trug dazu bei, Ängste und Weltuntergangserwartungen zu schüren. Man war überzeugt, in der Endzeit zu leben.

Die verunsicherten und geängsteten Menschen suchten ihre Zuflucht in der Kirche. Diese nahm für sich in Anspruch, alleinige Mittlerin zum Heil zu sein (Bulle Una sanctam, 1302) und entfaltete nun eine von „guten Werken“ geprägte und geradezu hektische Frömmigkeit. Wallfahrten und Pilgerwege (etwa der Jakobspilgerweg nach Santiago de Compostela) wurden propagiert. Das Rosenkranzgebet kam auf. Die Zahl der Heiligenfeiertage mit Prozessionen und Umzügen uferte aus. Eine geradezu abgöttische Marienverehrung ging Hand in Hand mit einem immer schamloser betriebenen Reliquienkult. An fast hundert Tagen im Jahr wurde bei Prozessionen eindrucksvoll kirchliche Pracht entfaltet. Die Jahrzehnte unmittelbar vor der Reformation gelten als die kirchenfrömmste Zeit überhaupt. Die kirchlichen Gnadenmittel reichten aber nicht aus, um Wunder- und Aberglauben, Teufels- und Höllenvisionen zu bannen. Die Angst vor Gott bestimmte im ausklingenden Mittelalter das Lebensgefühl der Menschen.

Der Institution Kirche ging es vor allem um die Sicherung der von ihr beanspruchten Weltherrschaft und um die Behauptung politischer Macht. Damit einher ging der Verfall des Renaissance-Papsttums; der Vatikan war lange ein Hort des Lasters und der Verbrechen. „Alle trieben alles mit allen vor allen", schrieb ein Teilnehmer päpstlicher Feiern. Die Päpste selbst – es gab oft mehrere nebeneinander – waren damals meist unwürdige Gestalten. Ihr Lebenswandel wäre sogar nach heutigen Maßstäben skandalös zu nennen. Sie versagten sich hartnäckig der schon lange und zunehmend heftiger geforderten Reform der Kirche an Haupt und Gliedern. Mehrere Konzile dazu scheiterten. Die Institution Kirche wollte die für sie finanziell höchst einträglichen Verhältnisse beibehalten. Ämterkauf und Bestechung waren alltäglich. Der hohe Klerus mehrte seinen Reichtum, während der niedere in theologischer Unbildung verwahrloste.

Eine solche Kirche fand keine Antworten auf die Fragen und Herausforderungen der Zeit und auf die Ängste der Menschen. Sie hielt zäh am Alten fest und wehrte sich gegen jede Veränderung. So wagte Kopernikus seine These vom Sonnensystem erst zu veröffentlichen, als er bereits auf dem Sterbebett lag. Reformversuche etwa durch die Waldenser oder durch Johannes Hus wurden blutig erstickt. Die kirchliche Macht zu sichern und unbequeme Frager und Denker zu beseitigen, war zum obersten Prinzip geworden.

Unmittelbarer Anlass für die Reformation wurde dann der Ablasshandel, in dem Gnade für Geld zu haben war. Eben daran entzündete sich die Kritik von Martin Luther. Der hochgelehrte Augustinermönch war durch intensives Forschen in der Bibel zu der reformatorischen Erkenntnis des „sola gratia“ (allein aus Gnaden) gelangt. Der Gläubige erlange das Heil weder durch gute Werke noch durch die Fürbitte der Heiligen, auch nicht durch sakramentale Vermittlung durch geweihte Priester und erst recht nicht durch den Kauf von Ablassbriefen. Das Seelenheil werde dem Gläubigen vielmehr allein aufgrund seines Glaubens vor Gott („sola fide“; allein durch den Glauben) und aus reiner Gnade geschenkt. Nicht die Lehrautorität der Amtskirche, sondern die Heilige Schrift sei die allein maßgebliche Autorität.

Die Reformation hat eine bis heute nachwirkende Veränderung der Welt ausgelöst. Früher war man sich mehr als heute bewusst, dass die Reformation den Menschen frei gemacht und zu einem selbstverantworteten Handeln berufen hat. Noch lange wurde daher in Deutschland der Tag des Thesenanschlags, der 31. Oktober, als „Reformationsjubelfest“ begangen. Die Reformation war eben mehr als ein Aufbegehren gegen kirchliche Missstände. Martin Luther hat tatsächlich die Welt verändert.

Hans-Dieter Frauer war mehrere Jahrzehnte im evangelischen Medienbereich tätig. Er lebt in Herrenberg bei Stuttgart.

Christoph Morgner

Von Luder zu Luther

Stationen eines außergewöhnlichen Lebens

Dass er einmal zu den prägenden Persönlichkeiten der Weltgeschichte gehört, wird Martin Luther nicht an der Wiege gesungen. Diese steht in Eisleben. Dort ist er als Martin Luder(!), Sohn von Hans und Margarete Luder, am 10. November 1483 geboren. Tags darauf wird er getauft. Sein Vater stammt ursprünglich aus bäuerlichen Verhältnissen. Er wird in Mansfeld, wohin die Familie nach wenigen Monaten zieht, Pächter mehrerer Kupferminen. Dort arbeitet sich der energische und zielstrebige Mann zu Ansehen und Auskommen empor. Die Mutter stammt aus den gehobenen Kreisen Eisenachs. Ihr Vater gehört zum Rat der Stadt.

Später ist Martin Luder seinen Eltern dankbar, dass sie ihm den Schulbesuch ermöglichten: zunächst die Lateinschule in Mansfeld, über die Luther später urteilt: „Über der Grammatik wurden wir gemartert und haben nichts gelernt durch so viel Stäupen, Zittern, Angst und Jammer."

Später besucht Martin die Domschule in Magdeburg und lernt durch seine Lehrer mönchische Frömmigkeit kennen. Darauf folgt die Lateinschule in Eisenach. Dort verdient er sich ein wenig Geld durch das Kurrendesingen vor Häusern. In Eisenach wohnt er bei einer Patrizierfamilie.

Von der Schule zur Universität

Seine gehobene soziale Stellung ebnet Martin Luder den Bildungsweg bis zur Universität. In Erfurt studiert er ab 1501 an der sogenannten Artistenfakultät die sieben freien Künste („artes"). Damit wird die Grundlage für das eigentliche Studium geschaffen, das Luther um 1505 beginnt. Sein Vater hat für ihn Jura ausersehen, um seinem Sohn eine spätere Karriere zu ermöglichen. Das Studium ist stark verschult und der Tagesablauf klösterlich geregelt. Der Tag beginnt bereits um vier Uhr.

Am 2. Juli 1505 gerät Luder in der Nähe von Erfurt bei Stotternheim auf freiem Feld in ein schweres Gewitter. Er wähnt sich in Lebensgefahr und ruft in höchster Not: „Hilf du, heilige Anna, ich will ein Mönch werden!" Später hat er dieses Gelübde bereut. Aber er fühlt sich daran gebunden. Zwei Wochen später tritt er in das Erfurter Kloster der Augustinereremiten ein – und das gegen den erklärten Willen seines Vaters: „Als ich aber Mönch wurde, wollte mein Vater toll und töricht werden."

Alles kommt anders

Luder „entschied sich dabei für die frömmste aller damaligen Lebensformen" (Martin Brecht). In dieser Zeit des ausgehenden Mittelalters brodelt es vor Religiosität. Die Kirche ist dominierender Teil der Gesellschaft. Sie vermittelt zwischen Gott und dem einzelnen Gläubigen. Besonders drastisch steht den Menschen die Szene des Weltgerichts vor Augen: Jesus als unerbittlicher Richter wird am Ende die Guten mit dem Himmel belohnen und die Bösen in die Hölle schicken. Um seine Gunst zu erwerben, muss der Gläubige auf dem Pfad der Tugend gehen, den die Kirche vorgibt. Das Problem dabei: Das Verhältnis zu Gott bleibt unsicher.

Wer in ein Kloster eintritt, tut das Optimale für sein Seelenheil. Luder nimmt alle Mühen des Klosterlebens auf sich. Nach einem Jahr legt er das Klostergelübde ab. Sein Orden lässt ihn 1507 im Erfurter Dom zum Priester weihen. Danach (!) wird Luder zum Theologiestudium nach Wittenberg entsandt. Für den „die Seelsorge übenden Klerus war eine universitäre Ausbildung um 1500 nicht die Regel, häufig darf man wahrscheinlich nicht einmal den Besuch einer städtischen Lateinschule voraussetzen. Vielmehr erlernten die Geistlichen ihren Beruf wie ein Handwerk bei einem Pfarrer: Die Kenntnisse der lateinischen Sprache waren häufig ungenügend." Kein Wunder, dass „der geistliche Stand der Kritik eine breite Angriffsfläche bot" (Christine Tropper).

In den Jahren 1510/11 unternimmt Martin Luder im Auftrag seines Ordens eine Dienstreise nach Rom. „Nirgendwo konnte man so viel für sein und seiner Mitmenschen Seelenheil tun wie in Rom. Luder hat von diesen Möglichkeiten intensiv Gebrauch gemacht“ (Martin Brecht). Er ertappt sich beim Bedauern, „dass seine Eltern noch lebten, ‚denn ich hätte sie gern aus dem Fegefeuer erlöset mit meinen Messen und anderen trefflichen Werken und Gebeten mehr‘.“ Zugleich ist er entsetzt über den Luxus in den Kardinalspalästen und über den oft spöttischen Umgang mit heiligen Dingen.

Der Mönch wird Professor

Im Jahr 1512 wird Luder zum Dr. theol. promoviert. Zugleich übernimmt er die Bibelprofessur an der Wittenberger Universität. Seine wissenschaftliche Arbeit über der Bibel wird auch von seinen eigenen Fragen angetrieben. Er amtiert zugleich als Prediger und Beichtvater an der Stadtkirche. In diesem Zusammenhang wird er mit der Problematik des Ablasshandels konfrontiert. Im Jahr 1517 zieht der Dominikanermönch Johannes Tetzel durchs Land. Im Auftrag des Bischofs Albrecht von Mainz verkauft er Ablassbriefe. Wer sie erwirbt, bekommt die Kirchenstrafe für seine Sünden erlassen, einschließlich des Fegefeuers nach dem Tod – ein glänzendes finanzielles Geschäft vor dem Hintergrund der damaligen Heilssehnsucht! Es gibt sogar Ablassbriefe für Verstorbene.

Professor Luder schüttelt den Kopf: „Indes kommt vor mich, wie der Beuteldrescher Tetzel hätte gepredigt schreckliche Artikel, nämlich: Wenn einer das Geld in den Kasten legte für eine Seele im Fegfeuer, sobald der Pfennig auf den Boden fiele und klänge, so führe die Seele heraus gen Himmel. Es wäre nicht not, Reue oder Leid oder Buße für die Sünde zu haben, wenn einer den Ablass kaufte.“

Bekannt wider Willen

Luders Kritik am Ablasshandel wird zum unmittelbaren Anlass für die Reformation. Um im akademischen Rahmen zu diskutieren, entwirft Luder 95 lateinische Thesen zum Ablasshandel und heftet sie am

31. Oktober 1517 an das Schwarze Brett der Universität, an die Tür der Schlosskirche. Ohne sein Wissen werden diese Thesen ins Deutsche übersetzt, eilends gedruckt und in Europa verbreitet. „Die 95 Thesen sind die Sensation der Zeit, denn hier findet nicht nur der Gebildete, sondern auch der einfache Mensch ausgesprochen, was ihn bewegt, und zwar in Gedanken und Worten, die ihm zugänglich sind. Luther ist mit einem Schlag in ganz Deutschland bekannt" (Kurt Aland).

Luder ist davon keineswegs begeistert. Er fühlt sich völlig überrollt und schreibt ein halbes Jahr später in einem Brief: „Es war weder meine Absicht noch mein Wunsch, sie zu verbreiten. Sondern sie sollten mit wenigen, die bei und um uns wohnen, zunächst disputiert werden, damit sie so nach dem Urteil vieler entweder verworfen und abgetan oder gebilligt und herausgegeben würden. Aber jetzt werden sie weit über meine Erwartung so oft gedruckt und herumgebracht, dass mich dieses Erzeugnis reut … Diese Weise (ist) nicht geeignet, das Volk zu unterrichten. Denn es ist mir selbst etliches zweifelhaft und ich hätte manches weit anders und sicherer behauptet oder weggelassen, wenn ich das erwartet hätte."

In seinen Thesen geht es Luder um die zentrale Frage von Sünde und Gnade. Worauf kann ich mich im Leben und Sterben verlassen? Hier ist Luder als Ausleger der Bibel zu neuen Erkenntnissen gelangt. In seinen Bibelauslegungen stößt er immer wieder auf den Begriff der „Gerechtigkeit" Gottes. Den legt er im Sinne vorhandener Theologie aus: Gott ist gerecht. Er straft die Sünder und belohnt die Frommen. Insofern hat dieser Begriff für Luder etwas Bedrohliches, weiß er sich doch als Sünder. Sünde – das sind für ihn nicht nur die vollzogenen Taten, sondern auch die Motive, die dazu führen: Begehren, Hass, mangelnde Liebe etc.

Trotz aller Mühen wird Luder seiner Sünde nicht Herr. Vor dem gerechten Gott kann er nicht bestehen. Aber gerade im Alten Testament wird „Gerechtigkeit Gottes" als etwas Gutes und Erfreuliches verstanden (zum Beispiel Psalm 31,2). Das bringt Luder nicht mit seiner Theologie zusammen, bis ihm nach und nach die Augen aufgehen für das, was man die reformatorische Entdeckung nennt: „Gerechtigkeit" ist ein Heilsgut, das Gott gewährt. Gott spricht den Menschen „gerecht", der ihm gläubig vertraut (siehe Römer 1,17). Das schafft Gewissheit des Heils. Luder findet aus der mittelalterlichen Leistungsfrömmigkeit zur Gnadenfrömmigkeit.

Aus „Luder" wird „Luther"

Von da an fügt Luder in seinen Unterschriften „eleutherios" hinzu, der „Befreite, der Freie". Daraus wird bald „Luther", der Name, unter dem der Reformator bekannt wird.

Luther möchte die mittelalterliche Theologie korrigieren, keineswegs jedoch die Fundamente der Kirche untergraben. Doch der Beifall, den er findet, lässt die Amtskirche aufhorchen. Luther stößt auf heftigen Widerstand der Kirchenoberen. In Disputationen und Verhören schält sich seine Theologie immer deutlicher heraus. Er bestreitet unter anderem die Heilsnotwendigkeit des Papstes und die Irrtumslosigkeit der kirchlichen Konzile.

Im Jahr 1520 erhält er die Bannandrohungsbulle „Exsurge Domine" von Papst Leo X., die Luther wenige Monate später öffentlich verbrennt, worauf der offizielle Ausschluss aus der Kirche erfolgt. Auch Kaiser Karl V. sieht sich herausgefordert. Luther muss 1521 auf dem Reichstag in Worms erscheinen und soll dort seine Schriften widerrufen. Nach einer Bedenkzeit lehnt Luther ab: „Daher kann und will ich nichts widerrufen, weil wider das Gewissen etwas zu tun weder sicher noch lauter ist. Gott helfe mir! Amen."

Kidnapping bei Nacht

Der Kaiser verhängt über Luther die Reichsacht. Weil nun dessen Leben gefährdet ist, inszeniert Kurfürst Friedrich der Weise ein Kidnapping in der Nähe von Eisenach. In einer Nacht- und Nebelaktion wird Martin Luther auf die Wartburg gebracht. Dort übersetzt er das Neue Testament aus der griechischen in die deutsche Sprache.

Ein halbes Jahr später kommt es in Wittenberg zu religiösen Unruhen. Aufgeheizte Gläubige entfernen aus den Kirchen, was in ihren Augen katholisch anmutet. Die Bilderstürmer wüten ohne Rücksicht auf Verluste. Gegen den Willen des Kurfürsten verlässt Luther die Wartburg und stellt in acht sogenannten „Invokavitpredigten“ die Ordnung wieder her. Sein Hauptvorwurf: Bei allen richtigen Erkenntnissen haben die Akteure das Entscheidende vermissen lassen: die Liebe und die Rücksicht auf Schwächere.

Eine schwerere Probe wird der Bauernkrieg in den Jahren 1524–1525. Pfarrer Thomas Müntzer gibt ihm einen quasi religiösen Charakter: Was die Bauern tun, entspricht dem Evangelium. Luther dagegen spricht sowohl den Bauern als auch den Fürsten eindringlich ins Gewissen. Aber sein Mahnen zum Frieden bleibt ungehört. Der Aufstand wird gnadenlos niedergeschlagen.

Lieben und Schreiben

Im Jahr 1525 heiratet Martin Luther die ehemalige Nonne Katharina von Bora. Aus seinen anfänglichen Vorbehalten werden bei Luther Liebe und Wertschätzung: „Mir ist gottlob wohl geraten, denn ich hab ein fromm, treu Weib, auf welches sich des Mannes Herz verlassen darf.“ Katharina führt im „Schwarzen Kloster“, dem Haus der Luthers, Regie wie in einem kleinen Familienunternehmen. Die Eltern bekommen sechs Kinder, von denen vier das Erwachsenenalter erreichen.

In den 1520er-Jahren steckt Luther literarisch ab, was „evangelisch“ ist. Er verhilft zu einem befreiten Leben unter dem Evangelium und regt in mehreren Schriften an, das eigene Leben, aber auch die gesellschaftlichen Verhältnisse in diesem Sinn zu gestalten:

- „An den christlichen Adel deutscher Nation“ (1520)
- „Von der babylonischen Gefangenschaft der Kirche“ (1520)
- „Von der Freiheit eines Christenmenschen“ (1520)

In seiner Schrift „Deutsche Messe“ (1526) regelt Luther die Ordnung eines evangelischen Gottesdienstes. Dieser wird in deutscher Sprache gehalten. Die Predigt steht im Mittelpunkt. Die Gemeinde beteiligt sich unter anderem durch ihre Lieder.

Bald erscheinen auch „Der Große und der Kleine Katechismus“, in denen Luther die Grundzüge der christlichen Lehre ausführt.

Die Reformation nimmt ihren Lauf. Immer mehr Kirchengemeinden werden evangelisch. Unentwegt kämpft Luther in den nächsten Jahren für die inhaltliche und strukturelle Festigung der Reformation: auf der Kanzel, im Hörsaal der Universität und am Schreibtisch, aber auch durch Reisen und Gespräche.

Im Marburger Religionsgespräch (1529) streiten Luther und der Schweizer Reformator Huldrych Zwingli u. a. um das richtige Verständnis des heiligen Abendmahls. Während Zwingli den Gedächtnischarakter des Mahls hervorhebt, betont Luther die reale Gegenwart Jesu Christi in Brot und Wein.

Im Jahr 1530 legen die Evangelischen auf dem Reichstag in Augsburg ihr Bekenntnis vor, das jedoch von katholischer Seite nicht anerkannt wird. Die Verhandlungen aufseiten der Evangelischen werden von Philipp Melanchthon geführt, da Luther wegen der Reichsacht bayrischen Boden nicht betreten darf.

Im Jahr 1530 schließen sich die protestantischen Fürsten zum Schmalkaldischen Bund zusammen. Dafür verfasst Luther eine Bekenntnisschrift (1537).

Im Jahr 1543 hält sich Luther in seinem Geburtsort Eisleben auf, um dort einen Streit zwischen zwei Grafen zu schlichten. Das gelingt. Aber es kommt zu einer schweren gesundheitlichen Krise. Seine Kräfte nehmen spürbar ab. Sein Sterben am 15. Februar 1543 wird von Freunden minutiös geschildert. Sie bezeugen ein seliges Sterben. Die Beerdigung findet in Wittenberg statt, wo Luther in der Schlosskirche begraben liegt.

Literatur:

Schilling, Heinz: *Martin Luther, Rebell in einer Zeit des Umbruchs*. München 2014³.

Das Luther-Lexikon, hrsg. von Volker Lepplin und Gury Schneider-Ludorff. Regensburg 2014.

Dr. Christoph Morgner, Präses i.R. des Evangelischen Gnadauer Gemeinschaftsverbandes, lebt in Garbsen bei Hannover.

Tabellarischer Lebenslauf

1483	Geburt in Eisleben (10. November) Taufe (11. November)
bis 1497 . .	Schüler in Mansfeld
1497	Schüler der Domschule in Magdeburg Geburt von Philipp Melanchthon
1499	Geburt von Katharina von Bora
1498–1501.	Schüler der Lateinschule in Eisenach
1501–1505.	Grundstudium an der Universität Erfurt (Artistenfakultät)
1505	Magister artium; Beginn des Jurastudiums Gewitter bei Stotternheim (2. Juli) Eintritt ins Kloster der Augustinereremiten
1507	Priesterweihe im Dom zu Erfurt/Primiz (2. Mai) Beginn des Theologiestudiums
1508	Theologiestudium und zugleich Lehrauftrag für Moralphilosophie in Wittenberg
1509	Lehrauftrag für Dogmatik im Kloster in Erfurt
1510/11 . .	Romreise in Ordensangelegenheiten
1512	Promotion zum Doktor der Theologie; Übernahme der Professur für Biblische Theologie in Wittenberg
1517	Anschlag der 95 Thesen am 31. Oktober
1518	Heidelberger Disputation Verhör durch Kardinal Cajetan in Augsburg
1519	Leipziger Disputation mit Dr. Johann Eck
1520	Bannandrohungsbulle „Exsurge Domine“ (15. Juni) Verbrennung der Bannandrohungsbulle (10. Dezember)
1521	Bannbulle „Decet Romanum Pontificem“ (3. Januar) Vorladung zum Reichstag in Worms durch Kaiser Karl V. (6. März) Vor Kaiser und Reich: Verweigerung des Widerrufs (17./18. April)

Entführung auf die Wartburg (4. Mai)
Über Luther und seine Anhänger wird die Reichsacht verhängt (26. Mai)
Übersetzung des Neuen Testaments

1522 . . . . Bilderstum in Wittenberg und Rückkehr Luthers
Acht Invokavitpredigten (9.–16. März)
„Septembertestament"

1523 . . . . Flucht der Nonnen aus dem Kloster Nimbschen
Wiederaufnahme der Vorlesungen

1524 . . . . Auseinandersetzungen mit Müntzer und Karlstadt
Luther legt die Mönchskutte ab

1525 . . . . Einige Schriften zum Bauernaufstand
Eheschließung mit Katharina von Bora (13. Juni)
Auseinandersetzung mit Erasmus von Rotterdam

1526 . . . . Erster Reichstag zu Speyer

1529 . . . . Zweiter Reichstag zu Speyer (Protestation am 19. April)
Marburger Religionsgespräch mit Huldrych Zwingli (1.–4. Oktober)

1530 . . . . Reichstag zu Augsburg; Verlesung des Augsburger Bekenntnisses
Luther auf der Veste Coburg

1531 . . . . Gründung des Schmalkaldischen Bundes

1532 . . . . Wegen der Türkengefahr erhalten die Protestanten das Zugeständnis befristeter freier Religionsausübung

1534 . . . . Abschluss der Bibelübersetzung (AT und NT)

1544 . . . . Erster evangelischer Kirchenbau in Torgau, von Luther eingeweiht

1546 . . . . Tod in Eisleben (18. Februar)
Bestattung in der Schlosskirche zu Wittenberg (22. Februar)

1552 . . . . Tod von Katharina Luther in Torgau (20. Dezember)

1560 . . . . Tod von Philipp Melanchthon (19. April)

Christoph Morgner

Marksteine evangelischer Verkündigung

Es gibt im evangelischen Raum keine verbindliche und allgemein anerkannte Instanz, die festlegt, was Christen zu glauben haben. So ist das im Lehramt der römisch-katholischen Kirche der Fall. Evangelisches Christsein dagegen lebt vom stetigen Hören auf Gottes Wort in der Bibel. Martin Luther ist überzeugt: Allein das verhilft der Kirche zur Einheit. Was ihm und den anderen Reformatoren inhaltlich wichtig war, finden wir in den vier sog. Exklusivpartikeln. Sie sind bis heute Markierungssteine für evangelische Verkündigung.

Solus Christus: allein Jesus Christus

Martin Luther hatte von Jugend auf Jesus als strengen Weltenrichter vor Augen. Später erblickt er in Jesus Christus seinen Heiland und Erlöser. Von da an steht für ihn fest: Christliche Verkündigung ist Jesusverkündigung. „Jesus heißt dasselbe wie im Deutschen das Wort Retter, Heiland. Heiland ist der, der Glück und Heil bringt und den Menschen in aller Not – körperlicher wie geistlicher – beistehen kann." Jesus der „einzige Trost im Leben und im Sterben", wie es später der Heidelberger Katechismus formuliert.

Erst durch Jesus können wir Gott erkennen. „Wer Gott erkennen und ohne Gefahr von Gott spekulieren will, der schau in die Krippe, heb unten an und lerne erstlich erkennen der Jungfrau Maria Sohn, geboren zu Bethlehem, so der Mutter im Schoß liegt und säugt oder am Kreuz hängt; danach wird er fein lernen, wer Gott sei. Solches wird alsdann nicht schrecklich, sondern aufs allerlieblichste und tröstlichste sein."

In Jesus Christus – und nur in ihm – zeigt sich uns Gott. Das erschließt sich dem, der sich Jesus anvertraut. So hat es Martin Luther persönlich erfahren. Das gibt er in seinen Predigten und Schriften weiter. Er weiß: In Jesus Christus steckt erlösende Kraft. „Die Sünde hat nur zwei Orte, wo sie ist: Entweder sie ist bei dir, dass sie dir auf dem Halse liegt, oder sie liegt auf Christus, dem Lamm Gottes. Wenn sie nun dir auf dem Rücken liegt, so bist du verloren; wenn sie aber auf Christus ruht, so bist du frei und wirst selig. Nun greif zu, welches du willst!“

„Der Glaube heißt allein der christliche Glaube, wenn du ohne alles Wanken glaubst, Christus sei nicht allein für Petrus und die Heiligen ein solcher Mann, sondern auch dir selbst, ja dir selbst mehr als allen andern. Es liegt deine Seligkeit nicht darin, dass du glaubst, Christus sei für die Frommen ein Christus, sondern dass er dir ein Christus und dein sei. Dieser Glaube bewirkt, dass dir Christus lieblich gefällt und süß im Herzen schmeckt; dann folgen Liebe und gute Werke ungezwungen nach.“

Sola scriptura: allein die Schrift

Die Wahrheit über Jesus Christus begegnet uns im Wort der Bibel. Dort wird von Jesus geredet. Dort spricht sich Jesus selber aus. Dort spricht er uns an. Christlicher Glaube und Theologie leben vom immer neuen Hören auf das biblische Wort.

Im Kloster zu Erfurt schlägt Luther zum ersten Mal eine Bibel auf. Sie weckt seine Entdeckerfreude. Er fängt an der Bibel Feuer. Als späterer Professor für biblische Theologie legt er seinen Studenten und Predigthörern die Bibel ans Herz. Er bekennt im Jahr 1533, die Bibel pro Jahr zweimal durchgelesen zu haben. Freunde bescheinigen ihm eine phänomenale Bibelkenntnis. Luther wagt es, von dieser Warte aus die Kirchenväter, frühere Konzilsentscheidungen und die gegenwärtige Kirche zu kritisieren.

Auch im Mittelalter hat man die Heilige Schrift hoch geschätzt. Aber sie war nicht die ausschlaggebende Norm, sondern wurde der kirchlichen Tradition gleich-, praktisch sogar untergeordnet. Was die Bibel sagen durfte, war durch die Kirche und deren Lehramt festgelegt. Weil die Bibel kirchlich domestiziert war, konnte sie sich also niemals kritisch gegen die Kirche selbst richten. Hier schreitet die Reformation ein:

„Allein die Schrift". Sie rückt damit das biblische Urzeugnis christlichen Glaubens wieder in die Mitte und reklamiert es als ausschlaggebende Norm (norma normans) für Glauben und Lebensführung.

Durch seine Bibelübersetzung – 1522 das Neue, 1534 das Alte Testament – beteiligt Martin Luther die Menschen seiner Zeit an dem Wissen, das vorher der Kirche vorbehalten war. Jeder soll sich eigenständig über die christliche Botschaft informieren und sich selbst ein Urteil bilden.

Luther wendet sich gegen das Argument seiner Kirche, die Bibel sei schwer verständlich und deshalb für Laien eher gefährlich. Er hält dagegen: „Die Schrift ist wie die helle Sonne, auch wenn Wolken davortreten. Wenn in der Schrift ein dunkler Spruch steht, sollst du nicht zweifeln; gewisslich steht dieselbe Wahrheit dahinter, die in anderen Worten klar ist. Wer das Dunkle nicht verstehen kann, der bleibt bei dem Lichten."

Sola gratia – allein aus Gnaden

Wie finde ich einen gnädigen Gott? Was muss ich tun, um einmal in den Himmel zu kommen? Die mittelalterliche Frömmigkeit verweist Suchende auf die Möglichkeiten, die ihnen die Kirche bietet: Wallfahrten, gute Werke, Spenden, Ablass etc. Dazu kommen die Verdienste der Heiligen, die die Kirche ihren Gläubigen zurechnet. Und obendrein das Erbarmen Gottes. Es bleibt ein Problem: Das Ausmaß der Gnade bleibt unbestimmt. Der einzelne Christ findet nicht zur Glaubensgewissheit, sondern bleibt im Blick auf sein ewiges Heil in einem Schwebezustand zurück.

Als Mönch befindet sich Martin Luther auf diesem Pfad und muss dabei erleben: Die kirchlichen Angebote helfen mir nicht. Denn menschliches Tun ist ständig von der Sünde in ihrer vielerlei Gestalt angekränkelt. „Mein guten Werk, die galten nicht." Er begreift den Weg, den seine Kirche bietet, als religiöse Sackgasse. Aus ihr findet er erst heraus, als er nach und nach begreift: Es kommt vor Gott nicht auf das an, was ich als Gläubiger tue, sondern auf das, was Jesus Christus für mich getan hat, und das „allein aus Gnaden". In uns selbst finden wir nichts, womit wir

Gott imponieren könnten. Christsein lebt nicht davon, dass ich gut bin, sondern dass Gott in Jesus Christus gut zu mir ist. „Man kann Gott nicht höher loben noch preisen, Ehre geben und nachsagen, als wenn wir bekennen, dass er aus lauter Gnade und Barmherzigkeit von uns Sünde, Tod und Hölle nimmt und für uns seinen lieben Sohn gibt und uns seine Güter alle miteinander schenket."

Was Martin Luther in der Bibel entdeckt und persönlich als befreiend erlebt, gibt er dem Klosterbruder Georg Spenlein aus Memmingen weiter. Er schreibt ihm am 8. April 1516: „Darum, mein lieber Bruder, lerne Christus kennen, und zwar den Gekreuzigten. Lerne, ihm zu lobsingen und – mitten aus der Verzweiflung über dich selbst heraus – zu ihm zu sprechen: ‚Du, Herr Jesus, bist meine Gerechtigkeit, ich aber bin deine Sünde; du hast das Meine angenommen und mir das Deine geschenkt; du hast angenommen, was du nicht warst, und mir gegeben, was ich nicht war.' Hüte dich, je einmal nach solcher Makellosigkeit zu trachten, dass du vor dir selbst … gar kein Sünder mehr sein willst. Denn Christus wohnt nur unter Sündern. Dazu kam er ja vom Himmel, wo er unter Gerechten wohnt, damit er auch unter Sündern seine Wohnung habe. Diese seine Liebe bedenke unermüdlich, so wirst du seinen süßen Trost empfinden. Müssten wir durch unsere eigenen Mühen und Qualen zur Ruhe des Gewissens gelangen – wozu ist er dann gestorben? Darum wirst du nur in ihm … den Frieden finden."

Sola fide: allein durch den Glauben

Wie kommt die Gnade Gottes in unser menschliches Leben? Indem wir glauben. „Wir haben so viel, wie wir glauben und hoffen." Der Glaube antwortet auf das, was Gott für uns und an uns getan hat. Er greift zu und nimmt es für sich in Anspruch. Glaube schafft nicht das Heil, sondern reagiert auf das Heil. Er beginnt also nicht im Menschen, sondern wird von außen im Menschen entbunden. Er ist unverfügbares Geschenk (Epheser 2,8). „Gott ist immer bezogen auf mich; ein Wort, das mich anspricht, ein Akt, der auf mich eindringt. Das Evangelium stellt mich in die Lebensentscheidung; es fragt mich, ob ich mein Dasein auf dieses

Wort von der Vergebung gründen oder ob ich das nicht will. Erst dann, wenn ich Ja sage, nehme ich das Evangelium für wahr. So ist Glaube ein persönliches Vertrauen zu einer Person" (Hanns Rückert). Christlicher Glaube lebt von dem, was Jesus Christus vor uns, ohne uns, aber für uns getan hat. Der Glaube staunt: Jesus hat alles getan – auch für mich. Dem muss und kann ich nichts hinzufügen.

„Glaube liegt ... nicht in der Reichweite des Machens. Glaube ist zwar mein Tun, aber dennoch nicht mein Werk. Glaube wird mir zugespielt. Sowenig ich mich selbst zum Lachen bringen kann, sowenig kann ich mich zum Glauben bringen" (Hans Weder).

Dieser Glaube setzt gute Werke frei. „Das Wunder des Glaubens steht darin, dass Christus mir die Sorge um mich selbst aus der Hand nimmt, sodass ich die Hände frei hab zu helfender Liebe dem Nächsten zugut. Der Glaube lebt sich in der Liebe aus." Gute Werke werden von Luther keineswegs gering geachtet. Aber sie bekommen einen neuen Stellenwert: Sie richten sich nicht mehr auf Gott, den wir mit unserem Tun beeindrucken wollen, sondern auf die Menschen in unserem Umfeld. Luther horizontalisiert somit die guten Werke des Christen und stellt sie in den Zusammenhang menschlichen Zusammenlebens.

Solcher Glaube weckt Freude. Er ist bei uns „noch sehr schwach und kalt. Wäre er so gewiss und stark, wie er wohl sein sollte, so könnten wir vor lauter Freude nicht leben."

Theo Schneider

Martin Luther und seine Botschaft

Ein Bild als Wegweiser

Die Stadtkirche St. Marien in Lutherstadt Wittenberg wird die „Mutterkirche der Reformation“ genannt. Dies ist sicherlich zutreffend, denn neben dem „Schwarzen Kloster“ und den Vorlesungsräumen der Universität war sie der hervorgehobene Wirkungsort Martin Luthers. Etwa zweitausend Predigten hat er hier gehalten; in manchen Wochen stand er dreimal auf der Kanzel. Hier hat er auch nach der Rückkehr von der Wartburg vom 9. bis zum 16. März 1522 die berühmten „Invokavit-Predigten“ gehalten, mit denen er die Unruhe und die überstürzten Reformen des kirchlichen Lebens wieder in verantwortliche Bahnen lenkte.

Der Reformationsaltar

Wenn man heute in die Stadtkirche kommt, werden die Blicke schnell vom Reformationsaltar im Chor der Kirche gefangen genommen. Er steht seit 1547 dort, gemalt von Lucas Cranach dem Älteren und seinem Sohn, Lucas Cranach dem Jüngeren. Es ist nicht ganz klar, welche Tafeln auf wen zurückgehen. Es könnte sein, dass nur das Abendmahlsbild von Lucas Cranach, dem Vater, ist, die anderen Tafeln vom Sohn. Das Entstehen umfasste einen größeren Zeitraum.

Im Hintergrund stand dabei der Sachverhalt, dass in den turbulenten Jahren 1521 und 1522 vieles aus der Stadtkirche entfernt worden war, so zum Beispiel die 15 Nebenaltäre auf den Emporen. Denn Andreas Bodenstein, genannt Karlstadt, hatte in der Abwesenheit Martin Luthers gegen die „Götzenbilder und Altaraufbauten“ gepredigt und die gewaltsame Entfernung auf den Weg gebracht. So musste das Innere der Kirche neu gestaltet werden. Bereits 1531 finden sich in den Unterlagen des „Gemeinen Kastens“ der Stadt Wittenberg ein Hinweis auf eine Zahlung an Lucas Cranach d. Ä. für Gemälde in der Stadtkirche. Denn er hatte die mittlere Bildtafel mit dem Abendmahl bereits in den 1530er-Jahren gemalt.

Inhaltlich ist der Altar in enger Verbindung der Künstler mit den Theologen der Wittenberger Universität und den Stadtvätern entstanden. Ob und in welcher Weise Martin Luther selbst die Entstehung begleitet hat, muss dahingestellt bleiben. Sicherlich war Philipp Melanchthon, der der bildenden Kunst besonders aufgeschlossen gegenüberstand, einbezogen. Und noch 1547 findet sich in den Unterlagen der Stadt ein Hinweis auf eine Zahlung an Lucas Cranach d. J. für „neue Tafeln“.

Die Maler: Lucas Cranach, Vater und Sohn

Lucas Cranach der Ältere (1472–1553) war seit 1505 Hofmaler des Kurfürsten Friedrich dem Weisen in Wittenberg. Er porträtierte Fürsten, schmückte Turniere aus, malte für das Leben am Hof und fand dadurch weite Beachtung. Seine Malerwerkstatt wuchs; zeitweilig beschäftigte er zwanzig Mitarbeiter. Neben seiner Malerwerkstatt besaß er eine Apotheke und eine Druckerei. In der Stadt Wittenberg war er als wohlhabender Bürger Ratsmitglied und einige Jahre Bürgermeister. Sehr früh bekam er engeren Kontakt zu Martin Luther; daraus wurde eine starke Freundschaft.

1520 wurde Martin Luther Pate bei Cranachs Tochter Anna. 1525 wählte Martin Luther seinen Freund zum Brautwerber bei Katharina von Bora. Noch wichtiger war: Lucas Cranach zählte sich mehr und mehr zur neuen evangelischen Bewegung. Besonders deutlich wird dieser inhaltliche Wandel in seinen Bildern zur Bibel. Wichtig war auch seine Gestaltung der Bücher und Flugschriften Martin Luthers. 1547, nach der Niederlage der Evangelischen, übergab der Maler seine Werkstatt an seinen Sohn Lucas und zog mit seinem Landesfürsten Johann Friedrich in die Verbannung. Ein unübersehbares Zeichen für seinen Glauben! – Sein Sohn Lucas (1515–1586) führte die Arbeit in Wittenberg weiter. Stand er zunächst etwas im Schatten seines großen Vaters, so wurde er wie sein Vater zu einem weithin angesehenen Künstler. In den Übergangsjahren, in denen beide in der Werkstatt tätig waren, blieb bei manchen Gemälden unklar, wer welchen Anteil am jeweiligen Entstehen hatte. Auch der Sohn stellte sich deutlich auf die Seite der evangelischen Bewegung. Auch seine Bilder sind in vielen Fällen Verkündigung.

Das Wirken der beiden Künstler unterstützte sehr stark die Ausbreitung der Reformation. Heute würde man sagen: Vor allem durch sie hatte Martin Luther Zugang zu den Medien!

Ein Signal in schwieriger Zeit

Einer alten Überlieferung zufolge ist der Altar am 24. April 1547 an die Gemeinde übergeben worden. Den Gottesdienst dazu gestaltete Johannes Bugenhagen, der enge Gefährte Martin Luthers, der seit 1523 erster evangelischer Pfarrer in Wittenberg war. Ganz gewiss gab es bei dieser offiziellen Indienstnahme dieses Altars einen inneren Zusammenhang zu zwei unterschiedlichen Ereignissen.

Zum einen: Am 18. Februar 1546 war Martin Luther in Eisleben, seiner Geburtsstadt, verstorben. Die Überführung des Leichnams nach Wittenberg und dann vor allem die Beisetzung in der Schlosskirche war bei allem Schmerz eine beeindruckende Repräsentation des Protestantismus, das heißt eine Selbstdarstellung der neuen Kirche, die sich seit 1517 entwickelt hatte. Doch wie würde es weitergehen? War der Vorstorbene nicht die entscheidende Gestalt für das Miteinander gewesen – bei allen Spannungen und allem Streit?

Zum anderen: Die politischen und militärischen Gewitterwolken wurden in diesen Jahren immer dunkler. Kaiser Karl V. war nicht mehr durch den Kampf gegen die Türken gebunden; er war zu einem militärischen Schlag gegen die evangelische Seite bereit; mit dem Papst hatte er die notwendigen Absprachen getroffen. Martin Luther hatte die Entwicklung voll Sorgen verfolgt; er vertraute nicht den Waffen; er sehnte den „lieben jüngsten Tag“ herbei. Im Sommer 1546, wenige Monate nach dem Tod Luthers, begann der Schmalkaldische Krieg, der ein Jahr später mit einer umfassenden Niederlage der evangelischen Seite endete. Im Mai 1547 zog Kaiser Karl mit seinen Truppen in Wittenberg ein.

Vor diesem Hintergrund war die Fertigstellung und Aufstellung des Altars ein überdeutliches Zeichen. Es war ein klares Signal: Die Verantwortlichen der Stadt bezeugten so ihren evangelischen Glauben.

Der Altar

Der Altar ist mit seinen drei Tafeln ein Flügelaltar, wie es sie damals vielerorts gab und aus dieser Zeit heute noch gibt. Die Bilder zeigen meist Heiligendarstellungen oder Szenen zu Maria oder aus den Passions- und Ostergeschichten. Die Flügel wurden je nach Kirchenjahreszeit geöffnet oder geschlossen. Bereits seit Jahrhunderten war es eine feste Tradition, dass in den Altären Reliquien aufbewahrt wurden. So entwickelte sich der jeweilige Reliquienschrank als Unterbau unter den Altartafeln, Fußbild oder Predella genannt.

In der entstehenden evangelischen Kirche hat man damals die Tradition des Flügelaltars fortgesetzt. Der Reformationsaltar in der Wittenberger Stadtkirche ist ein deutlicher Beleg dafür. Aber die drei großen Bildtafeln zeigen keine biblischen Geschichten oder Legenden von Heiligen, sondern sie beschreiben mit ihren Bildern, was und wo nach reformatorischer Erkenntnis Kirche Jesu Christi ist. Kirche ist da, wo getauft wird, wo die Gemeinde sich zum Abendmahl versammelt, wo Beichte gehört und Vergebung zugesprochen wird. Das alles hat seine Begründung in der Predigt von Jesus Christus, dem Gekreuzigten. So spiegeln die Bildtafeln auf der Vorderseite den 7. Artikel der von Philipp Melanchthon verfassten „Confessio Augustana" wider, die als Bekenntnis der Evangelischen beim Reichstag von Augsburg 1530 bekannt worden war: „Es wird gelehrt, dass allezeit eine heilige, christliche Kirche sein und bleiben muss, die die Versammlung aller Gläubigen ist, bei denen das Evangelium rein gepredigt und die heiligen Sakramente laut dem Evangelium gereicht werden. Denn das genügt zur wahren Einheit der christlichen Kirche, dass das Evangelium einträchtig im reinen Verständnis gepredigt und die Sakramente dem göttlichen Wort gemäß gereicht werden."

Das Fußbild

Die linke Bildtafel mit der Taufe eines Kindes durch Philipp Melanchthon inmitten einer Gemeinde; die große mittlere Bildtafel mit der Darstellung der Einsetzung des Heiligen Abendmahles – die Jünger sind fast alle damals bekannte Wittenberger Bürger; z.B. der Drucker Hans Luft gehört dazu; Martin Luther ist als „Junker Jörg" dabei; Lucas Cranach der Jüngere reicht als Diener den Kelch. Die rechte Bildtafel zeigt Johannes Bugenhagen, seit 1523 Pfarrer an der Stadtkirche, im Beichtstuhl, der Vergebung zusagen, aber auch verweigern kann: Alle drei großen Tafeln stehen auf dem Fußbild, der Predella, werden davon getragen. Das gilt nicht nur äußerlich, sondern auch im Blick auf die inhaltliche Aussage.

Wo in den Altären der vergangenen Zeit die Reliquien aufbewahrt und an besonderen Tagen hervorgeholt wurden, da sehen wir Martin Luther auf der Kanzel, wie er der Gemeinde „das Wort vom Kreuz“ sagt. Rein äußerlich fällt im Vergleich mit anderen Altären auf, dass dieses Fußbild verhältnismäßig groß ist. Es ist nicht nur ein Beiwerk, sondern die inhaltliche Mitte des Altars. Es ist der Kern der reformatorischen Botschaft und von Martin Luthers Glauben: „Ich, Doktor Luther, will von keinem andern Gott wissen, denn allein von dem, der am Kreuz gehangen hat, nämlich Jesus Christus, Gottes und der Jungfrau Maria Sohn.“ Und ein andermal hat er diesen Kern evangelischen Glaubens so gesagt: „Das Kreuz Christi ist die alleinige Unterweisung in dem Worte Gottes, die lauterste Theologie.“

Die Maler und anderen Wittenberger Gefährten hatten dies unter der Verkündigung Martin Luthers und durch die Weggemeinschaft mit ihm erkannt. Das Wort vom Kreuz ist das Herz des Evangeliums.

Die drei Schwerpunkte des Bildes sind überdeutlich: der Prediger Martin Luther, der Gekreuzigte und die hörende Gemeinde. Jegliches Beiwerk fehlt. Der Fußboden, die Wände – die Raumgestaltung ist wie auf den beiden Seitenflügeln von der Taufe und der Beichte. Denkt der Maler an eine bestimmte Kirche? Oder ist es sozusagen ein „neutraler Ort“? Vielleicht soll angedeutet werden: Ganz egal an welchem Ort – Wort und Sakrament sind gültig, wirken. Es kommt nicht auf eine bestimmte äußere Gegebenheit an. Es liegt nicht am Ort, sondern nur an dem Herrn, der im Evangelium zu uns kommt.

Der Prediger Martin Luther

Der Reformator wird hier gezeigt, wie er uns von vielen Bildern von Lucas Cranach d. Ä. bekannt ist. Seine eine Hand liegt auf der aufgeschlagenen Bibel, mit der anderen weist er auf das menschgewordene Wort Gottes, auf den gekreuzigten Jesus von Nazareth. Hält er die Hand, die auf den Gekreuzigten weist, nicht wie zu einem Schwur? So ist dieser Zug des Bildes eine Auslegung des Paulus-Wortes: „Ich hielt es für richtig, unter euch nichts zu wissen als allein Jesus Christus, den Gekreuzigten“ (1. Korinther 2,2). Oder wie Paulus an die Galater schrieb: „Ich habe euch Jesus Christus vor Augen gemalt als den Gekreuzigten“ (Galater 3,1).

Das rettende Wort findet sich in der Heiligen Schrift, muss durch den Zeugen hindurch, durch Kopf und Herz, und zu den Hörern. Durch die Verkündigung wird der ansonsten so unverständliche Weg Jesu ans Kreuz zur rettenden Botschaft. So wird ganz klar: Es geht nicht um Martin Luther. Er ist nur Bote, Zeuge, Verkündiger. Deshalb kann man bei Martin Luther in all den Jahren seines Wirkens auch immer wieder Äußerungen finden, die unterstreichen, dass er selbst nicht wichtig ist, sondern Christus und das Evangelium. Er wollte auch nicht, dass die entstehende Kirche nach seinem Namen benannt würde. Ganz zugespitzt schrieb er deshalb einmal: „Ich kenne selbst auch den Luther nicht, will ihn auch nicht kennen; ich predige auch nichts von ihm, sondern von Christus. Den Luther soll der Teufel holen, wenn er kann."

Der Gekreuzigte

Er ist die Mitte des Bildes. Es fällt auf, dass das Kreuz keinerlei Verankerung oder Halterung hat. Ist es eingespannt zwischen Himmel und Erde? Der Gekreuzigte ist gestorben. Aber irgendwie wirkt er auf dem Bild ganz präsent und erhaben. Er scheint konkret anwesend zu sein. Es soll sich auch nicht um ein Schnitzwerk oder eine steinerne Figur handeln. Denn sein Sterben war nicht das Ende, sondern Gott hat seinen Sohn auferweckt. An Ostern hat etwas ganz Neues begonnen.

Das wehende, flatternde Lendentuch will die grundlegende Gottestat andeuten. Solch ein Lendentuch findet sich auch auf dem Bild „Christus am Kreuz" auf dem Altar der Stadtkirche in Weimar. 1552 hatte Vater Cranach dieses Gemälde begonnen; 1555 stellte der Sohn es fertig. Das wehende Leintuch – Gottes Geist hat den Gekreuzigten auferweckt. Das Evangelium ist jetzt die rettende Botschaft für alle Menschen bis an das Ende der Welt.

Die Wittenberger Gemeinde

Es sind nicht irgendwelche Leute, die auf Martin Luthers Predigt über den Gekreuzigten hören, sondern es ist eine „Wittenberger Gemeinde". Eine ganze Reihe der abgebildeten Personen sind uns namentlich bekannt: Ganz vorne Katharina von Bora mit ihrem Sohn Hänschen am Arm. Im Hintergrund der Mann mit dem langen Vollbart ist der Maler Lucas Cranach der Ältere, der sich ganz bewusst in die reformatorische Gemeinde stellt. Das Mädchen mit dem vollen runden Gesicht mittendrin könnte Magdalena, die früh verstorbene Tochter Martin Luthers sein. Sie ist die Einzige, die die Betrachter des Bildes direkt anschaut – als wollte sie fragen: Wie stehst *du* zu der Botschaft vom Gekreuzigten? So wendet sich die Verkündigung vom Gekreuzigten an Menschen unterschiedlichen Alters und in ganz verschiedenen Lebenssituationen. Alle brauchen dieses Wort.

Als 2014/2015 der Reformationsaltar im Vorfeld des Reformationsjubiläums umfassend restauriert wurde, war es für die Fachleute eine kleine Sensation, als man feststellte, dass am linken Rand des Bildes noch eine Latte entfernt werden konnte – und plötzlich war der Kreis der Hörer noch um eine Person größer geworden! Diese Frau hatte man vorher noch gar nicht gesehen!

Der Reformationsaltar in der Stadtkirche St. Marien in Lutherstadt Wittenberg ist ein Zeugnis für den evangelischen Glauben. Die Predella, das Fußbild, zeigt die Mitte, das Herz: „Das Kreuz allein ist unsere Theologie" (Martin Luther).

Theo Schneider ist Generalsekretär i.R. des Evangelischen Gnadauer Gemeinschaftsverbandes und lebt in der Lutherstadt Wittenberg.

Ursula Koch

„Herr Käthe“

Guten Morgen, Lutherin! Schon wieder als Erste aufgestanden? Ganz Wittenberg schläft doch noch. Kaum rührt sich das Vieh in den Ställen und über den Elbauen liegt der Nebel. Was bist du denn schon unterwegs treppauf, treppab im uralten „Schwarzen Kloster“ und den anliegenden Gärten? Natürlich müssen sich nun auch die Mägde rühren, strecken sich auf ihren Strohsäcken und gähnen herzhaft. Es ist schon eine Plage, wenn man bei der Frau Doktorin in Diensten ist. Da geht es früh am Morgen los. Keine Ruhe bis zum späten Abend. Das Vieh muss versorgt werden, die Hausarbeit eingeteilt: putzen, waschen, auf den Markt gehen. Mit Dorothea, der Köchin, wird der Speiseplan besprochen. Sicher kommen wieder wichtige Gäste, gekrönte Häupter, Botschafter aus allen Teilen Europas. Wer behält da die Übersicht – außer dir, Lutherin!

Der alte Diener Wolf weiß ein Lied davon zu singen, wie es bei euch zugeht. Einstmals diente er nur dem Doktor Martin Luther, stolz darauf, wenn auch manchmal ein wenig ängstlich, weil ja die ganze Welt, der Papst und der Kaiser hinter seinem Herrn her waren. Aber die Tage verliefen ruhig in dem von allen anderen Mönchen verlassenen Augustinerkloster. Die Brüder waren in die Welt hinausgegangen und verkündeten das Evangelium, wie es vor ihnen noch niemand getan hatte. Und der mit all dem angefangen hatte, verbrachte Tage und Nächte in seinem Studierzimmer, empfing Boten und Gäste, aber die saßen nicht am Esstisch, die mussten hungrig wieder gehen …

Wenn Wolf an diese Zeiten denkt, seufzt er tief. Aber er weiß auch: So konnte es nicht weitergehen mit seinem Herrn. Das Stroh, auf dem er damals schlief, war halb verfault, doch es zu erneuern fiel dem Mann nicht ein. In der Küche tanzten die Mäuse auf dem Tisch und im Keller bauten die Ratten ihre Nester.

Das ist vorbei. Blitzsauber geputzt hängen die Töpfe und Pfannen über dem Herd. Das Stroh, selbst bei ihm, dem Diener, ist mit sauberem Leinen bedeckt. Die Ratten und Mäuse mussten sich eine andere Unterkunft suchen. Und ständig heißt es nun: „Wolf, bring dem Herrn Doktor dies! Wolf, bring dem Herrn Doktor das! Wolf, schaff die Jacke zum Schneider, sie hat ein großes Loch unterm Arm! Wolf, geh zu Cranachs und bitte sie zum Umtrunk am Sonntagabend! Wolf, bring der armen Witwe Gertrud ein Stück von dem Kuchen, den die Köchin gerade aus dem Ofen holt!" So vergehen die Tage des alten Mannes.

Aber eigentlich geht es ihm nicht schlecht in dem neu hergerichteten Kloster. Wenn nur die Kinder nicht immer so viel Krach machten! Selbst dem Herrn Doktor wird das manchmal zu viel. Und trotzdem freut der große Mann sich von Herzen, wenn er über den Hof geht oder durch den Garten, wo es grünt und blüht.

Das alles hast du geschafft, Lutherin! Nur ein paar Jahre sind vergangen und das leere, kalte Schwarze Kloster ist voller Leben und Lachen. Nicht nur deine eigenen Kinder toben herum: Findelkinder, Waisenkinder, Kinder von den Opfern der Pestepidemie werden aufgenommen. Schließlich muss dein Herr Doktor zugeben, dass es zu viel ist, und er bittet Gemeinden in anderen Städten, sich dieses oder jenes Kindes anzunehmen.

Da sind ja auch noch die Studenten, die in den Kammern oben wohnen und mit am langen Esstisch sitzen. Jedes Wort, das der Herr Doktor Martin Luther spricht, schreiben sie auf. Die ganze Welt will wissen, was an diesem Ort geredet wird. Du aber verteilst die Suppe, die dampfend aus der Küche kommt, und sorgst dafür, dass alle gerecht behandelt werden, dass die Kleinsten ihren Teil bekommen und die Großen vor lauter Theologie nicht vergessen: Auch ein Martin Luther muss essen. Er braucht viel Kraft, um standzuhalten gegen die Mächtigen der Welt und der Kirche, aber auch gegen die Anhänger, die sein Wort falsch verstehen.

Was hat er gelitten im Bauernkrieg, als in seinem Namen gemordet wurde! Erst waren es die Bauern und er wetterte gegen sie, dann trieben es die Fürsten noch schlimmer, als sie in Frankenhausen achttausend erschlugen – und wieder stand er auf der Kanzel und rief Gott zum Zeugen gegen die gnadenlosen Henker an. Damals wollte er sterben. Es schien ihm, als sei er von Gott verlassen, als habe der Teufel die Oberhand gewonnen – und vielleicht wäre er auch gestorben in seiner Verzweiflung und seinem Gram, wenn du nicht gewesen wärest, Katharina von Bora!

Du bist aus dem Kloster geflohen. Was für einen Mut hast du bewiesen! Von Kind an lerntest du nichts anderes, als dass der Papst und der Bischof, die Äbtissin und alle Heiligen immer recht hätten, immer und unter allen Umständen. Wie konntest du glauben, dass der EINE, dessen Schrift du heimlich gelesen hast, es besser wüsste als alle, alle, alle anderen? Ein paar von euch jungen Nonnen flüsterten heimlich miteinander. Ihr wolltet euch nicht mehr damit abfinden, dass ihr als Bräute Christi nur immer beten und fasten solltet, während Gott doch Mann und Frau und Kinder geschaffen hatte. Aber wie lange muss es gedauert haben, ehe euch aus dem tief inneren Zweifel an der uralten Ordnung der Mut erwuchs, alle Sicherheit hinter euch zu lassen? Das wäre nie geschehen, hätte nicht der Martin Luther selbst versprochen, euch zu helfen.

Und so kamst du in der Osternacht mit acht anderen Schwestern zuerst nach Torgau und ein paar Tage später nach Wittenberg, wo er euch persönlich empfing, der gelehrte Doktor, der mit dem Bann belegte, nur mit knapper Not dem Tod entronnene aufsässige Mönch. Er wusste, dass ihr keine Chance hattet: Eure Familien wollten euch nicht mehr, denn sie hatten dafür bezahlt, dass ihr bis an euer Lebensende im Kloster versorgt würdet. Und außerdem solltet ihr auch noch für ihre Seligkeit beten, damit sie ungehindert sündigen konnten. So war das damals. Und du hast es irgendwann durchschaut, Katharina von Bora. Nur – jetzt warst du angewiesen auf den Mann, der die Verantwortung für euch übernommen hatte.

Luther hätte gern die schöne Ave zur Frau genommen, aber die war dann schneller vergeben als gedacht. Und auch die anderen Schwestern fanden solide Ehemänner. Dich wollte einer heiraten, der besonders reich und schön war: Hieronymus aus Nürnberg. Nur leider ließen seine Eltern das nicht zu und du hast vergeblich auf ihn gewartet. Ob du damals vielleicht bereut hast, aus dem Kloster geflohen zu sein? Luther hat einen anderen gefunden, den Doktor Glatz, aber den – und das war ungeheuerlich, Katharina! – den hast du abgelehnt!

Als Luther 1525, im furchtbaren Bauernkrieg, sterben wollte, hat er stattdessen dich genommen. Du warst ja als einzige heiratsfähige Nonne übrig geblieben. Und er meinte, er könnte dir mit den Silberbechern, die er zu vererben hatte, ein wenig weiterhelfen. Dann änderte sich seine Meinung innerhalb weniger Tage. Wie hast du das geschafft? Er fasste neuen Lebensmut und ihr habt es einundzwanzig Jahre miteinander ausgehalten!

Anfangs war es bestimmt nicht einfach. Mit Geld konnte der kluge Mann überhaupt nicht umgehen. Aber du solltest Gäste bewirten, Bettler mit Almosen versorgen und schließlich auch noch die eigenen Kinder ernähren … Luther wies dem Boten des Erzbischofs von Mainz, der euch ein Hochzeitsgeschenk bringen wollte, empört die Tür. In weiser Voraussicht hast du den Mann aufgehalten. Die 20 Gulden konntest du gut gebrauchen für den neuen Hausstand.

Du kamst von einem Gut, das zwar heruntergewirtschaftet war, aber du wusstest: Am billigsten und besten ist, was du selbst anbaust. Und so wurde der Doktor Martin Luther – ohne es zu wollen und oft nur widerwillig – im Laufe der Jahre zum Großgrundbesitzer. Hier kaufte er einen Garten, dort einen Teich und schließlich das Gut Zülsdorf aus dem Erbe derer von Bora. Da gab es Getreide, Obst, Vieh und Karpfen in solcher Fülle, dass an den langgestreckten Tischen im Hause Luthers alle satt wurden. So ganz verstanden hat dein lieber Herr Doktor nie, wie das zuging. Und oft musstest du betteln und weinen, um das günstige Stück Land vor den Toren der Stadt noch dazu zu bekommen. Aber er hat's am Ende verstanden: Dein Fleiß, deine Arbeit hat es möglich gemacht, dass euer Haus für viele in Not und Anfechtung zu einer „festen Burg" wurde.

Sechs Kinder hast du zur Welt gebracht, zwei sind dir gestorben. Das hat auch das Herz des großen Mannes berührt und aufgewühlt. Über Kindererziehung konntet ihr euch nicht immer einigen, aber lieb gehabt habt ihr sie alle: Hans, Elisabeth, die schon im ersten Lebensjahr starb; das geliebte Lenchen, das ihr mit dreizehn Jahren hergeben musstet; Martin, Paul und Margarete. Und mehr und mehr begriff dein lieber Herr Doktor, was er an dir hatte. „Herr Käthe“ nannte er dich schon bald, „Herrin von Zülsdorf“ etc. Aber als er alt wurde, krank, in den ständigen Auseinandersetzungen aufgerieben, da schrieb er unter seine letzten Briefe: „Dein altes Liebchen“.

Als er starb, musstest du kämpfen: um die Anerkennung von Luthers Testament, um die Vormundschaft für deine Kinder. Krieg brach aus. Das Kaiserliche Heer eroberte Wittenberg. Du warst auf der Flucht, du kehrtest zurück, doch du hast keine Ruhe mehr gefunden. Sechs Jahre nach Luthers Tod bist du auf dem Weg von Wittenberg nach Torgau in einen Graben gestürzt, als die Pferde scheuten. Zwei Monate musstest du leiden, von deiner Tochter Margarete in Torgau gepflegt. Dann hat dich Gott heimgerufen. Wie eine Klette wolltest du an Jesu Gewand kleben, wenn er vorüberkäme, so hast du auf dem Sterbelager gesagt. In der Marienkirche haben sie dir einen Stein gesetzt, da presst du mit beiden Händen *das* Buch, die Bibel, an deine Brust.

Was für ein Leben, Lutherin! Was für eine Kraft und was für ein Glaube!

Ursula Koch ist Schriftstellerin und Pädagogin und lebt in Berlin.

Stefan Lämmer

Luthers Umgang mit der Bibel

Luther war in das strenge und gelehrte Augustiner-Eremiten-Kloster eingetreten, um damit Gott zu dienen und die Seligkeit zu verdienen. Zuerst hielten sich seine Zweifel in Grenzen. Mehr als es geboten war, betete, fastete und las er in der Vulgata (lateinische Bibel). Große Teile lernte er auswendig. Dennoch wuchs die Unsicherheit. Es quälte ihn die Frage: Wie kann ich vor dem unbestechlichen Richter bestehen? Wie kann ich der Verdammnis entgehen?

Die Anleitung im Kloster verstärkte sein schlechtes Gewissen. Jeder Mönch soll sich selbst beobachten und die Fragen stellen: Liebe ich Gott von ganzem Herzen? Liebe ich meinen Nächsten in selbstloser Weise? Liebe ich in vollkommener Demut?

Luther erkannte: Ich kann diese Forderungen nicht erfüllen. Selbst beim Fasten und Beten geht es mir nur um mich, um meine Anerkennung bei Gott. Auch der Gang zur Beichte brachte nur Linderung, keine Klärung. Er bereute ehrlich, aber es blieben die Fragen: Ist meine Reue wirklich vollkommen? Sind alle meine Sünden zur Sprache gekommen?

Die seelsorgerliche Hilfe

Der Angefochtene suchte Hilfe bei seinem Ordensoberen Johannes von Staupitz (1465–1524). Dieser lenkte Luthers Aufmerksamkeit hin auf das Kreuz. Luther solle sein Augenmerk auf den richten, der für uns am Kreuz gelitten hat. Er solle Jesu Leiden bedenken.

Nach seiner Priesterweihe befolgte Luther die Aufforderung, Theologie zu studieren. Im humanistischen Sinne („Zurück zu den Quellen“) pflegte man in Erfurt das Studium von Augustin. Aus eigenem Antrieb las Luther täglich einige Kapitel hauptsächlich in der Vulgata. Staupitz ermutigte ihn, in der Bibel nach Antworten zu suchen. Auf Staupitz' Drängen wurde Luther zum Doktor der Theologie promoviert (1512) und bekam zugleich eine Professur übertragen, die er zur Schriftauslegung nutzte. Das intensive Bemühen um das richtige Verständnis der Bibel wurde seine große Lebensaufgabe. Lebenslang blieb er Schüler der Bibel. Bei ihr klopfte er an.

Luthers Zugang zur Bibel

Auf dem Weg des Verstehens waren Luther drei Regeln von grundlegender Bedeutung. Erstens waren es die existenziellen Fragen *(Tentatio)*, die ihn genauer nachfragen ließen. Seine Anfechtungen, seine offenen Fragen verlangten nach Antworten, sodass er in der Bibel suchte. Zweitens las er betend *(Oratio)* und hörbereit die biblischen Worte und drittens forschte er wissenschaftlich *(Meditatio)* nach dem Sinn des Textes. Luther pochte an, um den rechten Sinn zu erfassen. Der junge Professor stellte sich den Fragen: Was ist mit dem hebräischen oder griechischen Wort gemeint? In welcher Weise erhellt die Grammatik den Sinn? Mit großem Interesse studierte Luther im Sommer 1516 das gerade von Erasmus von Rotterdam (1466/9–1536) herausgegebene griechische Neue Testament und benutzte es für seine Auslegung.

Die drei Regeln des Verstehens nahm Luther nicht als Dreischritt auf, als ob man sie nacheinander abarbeiten könnte. Vielmehr erklärte er: Meine Theologie habe ich nicht auf einmal gelernt, sondern ich habe immer tiefer und tiefer danach forschen müssen. Meine Anfechtungen haben mich dazu gebracht.

Der entscheidende Schritt

Im Rückblick auf die Anfänge der Reformation schildert Luther, dass ihm die Worte „Gerechtigkeit Gottes" größte Probleme bereiteten. Er verstand darin die Gerechtigkeit, die Gott von uns fordert. Er sah in ihr eine Gerechtigkeit, die selbstlose Liebe einklagt und ihn wegen seines Versagens anklagt. Als er auf den Zusammenhang achtete, fiel ihm die Spannung auf. Die Gerechtigkeit wird im Evangelium als gute Nachricht offenbart. Langsam dämmerte Luther, dass Gerechtigkeit Gottes anders zu verstehen ist. Sie meint die Gerechtigkeit, die Gott uns schenkt. Sofort fiel ihm die Parallelität zu anderen Wortverbindungen auf. Die Weisheit Gottes meint die Weisheit, die Gott uns gibt; das Werk Gottes meint das Werk, das Gott vollbringt. Die intensive Beschäftigung mit der Bibel wies ihm den Ausweg aus seiner inneren Not.

Luther findet die Mitte der Schrift

Die neue Erkenntnis öffnete Luther die Tür zum sachgerechten Bibelverständnis. Der schuldige Mensch und der rechtfertigende Gott sind das Zentrum der Bibel. Daher ließ er nur eine Wortfolge durch die Größe hervorheben: SÜNDE VERGIBT. Er schrieb zu den Worten aus Römer 3, 25 an den Rand: Das Hauptstück der ganzen Schrift (WA DB 7, 26, 14f.). Von nun an bestand sein erstes Anliegen darin, dieses Zentrum der Schrift herauszustellen und zu bewahren.

Die Entdeckung der Barmherzigkeit Gottes als Mitte der Schrift nennt Kardinal Walter Kasper eine „Wiederentdeckung" und stimmt ihr ausdrücklich zu. Im Gegensatz zu jeder formalen Schriftautorität, die alle biblischen Bücher für gleich wichtig hält, betonte Luther: Alle heiligen Bücher stimmen darin überein, dass sie zum gekreuzigten Christum treiben (WA DB 7, 384, 25ff.). Von dieser Mitte her legt die Schrift sich selbst aus.

Die Klarheit der Schrift

Der gelehrte Erasmus von Rotterdam behauptete: Die Bibel äußert sich oft unklar. Doch Martin Luther legte dar, dass es in zweifacher Weise eine Klarheit der Schrift gibt.

Die äußere Klarheit: Trotz mancher dunkler Stellen erweist sich die Schrift in ihren entscheidenden Aussagen als klar (WA 18, 606, 33ff.). Hier bestätigt sich die Mitte der Schrift als Schlüssel für die Klarheit. Die Bibel will von Christus her und auf ihn hin gelesen werden.

Die innere Klarheit: Der Heilige Geist schenkt eine innere Klarheit. Die frohe Botschaft von der Rechtfertigung des Gottlosen befreit den in sich selbst verkehrten Menschen, sodass er Freude und Frieden mit Gott findet. Diese innere Klarheit kommt nur durch das äußere Wort.

Gesetz und Evangelium

Von der Mitte der Schrift her erkennt Luther den Doppelaspekt des Wortes Gottes: Gesetz und Evangelium. Das Gesetz zeigt dem Menschen auf, was seine Pflicht ist. Indem das Gesetz den Menschen bei dem behaftet, was von ihm gefordert ist, öffnet es ihm die Augen für seine Schuld. Luther schreibt: „Die Gebote aber beziehen sich auf die Sünde und das, was uns schuldig macht (WA 8, 96, 39ff.)."

Das Evangelium sagt mir zu, dass Gott Versöhnung gestiftet hat. Es verspricht mir die Barmherzigkeit Gottes, sodass ich von aller Schuld frei bin. Luther erklärt: „Das Gesetz ist für den alten Adam, das Evangelium für mein verzagtes, erschrockenes Gewissen (WA 36, 41, 31f.)." Das Evangelium erweist sich als das zweite und endgültige Wort Gottes.

Geist und Buchstabe

Luthers Zeitgenosse und späterer Gegenspieler Thomas Müntzer (1489–1525) hat sich selbst als Geistgelehrten bezeichnet. Er sah auf Luther herab, der, so seine Überzeugung, als Schriftgelehrter noch am dürren Buchstaben klebte.

Der Reformator erklärte: Wo der Bezug zum äußeren Wort fehlt, ist der Willkür Tür und Tor geöffnet. Ohne das äußere Wort kann das Reden des „Geistes" viele Inhalte haben, aber nur das Wort der Bibel macht es eindeutig. Weiter warnte er davor, über das Wort hinwegzufahren. Spontane Einfälle beim Bibellesen dürften nicht vorschnell als Stimme Gottes gedeutet werden.

Im Gegensatz zu den „Geistbegabten" seiner Zeit betonte Luther: Der Glaube kommt durch das Wort. Das äußere Wort erreicht den Menschen in zweifacher Gestalt. Einmal im Wort der Predigt und ein anderes Mal als Schriftwort, als gelesenes Wort. Dieses äußere Wort erweist sich als Vehikel für den inwendigen Glauben.

Dennoch liegt es nicht in der Macht des Predigers, dass das äußere

Wort den Menschen trifft. Es will erbeten sein. Der Heilige Geist gibt dem Wort Gottes Kraft. Der Geist Gottes redet durch das äußere Wort. Die Worte der Zusage entzünden im Herzen der Hörenden das Vertrauen auf Gott. Wort und Geist gehören zusammen wie Stimme und Atem beim Sprechen (WA 9, 632, 26; 633, 5).

Die Autorität der Schrift

Die durch *Oratio, Meditatio* und *Tentatio* gewonnene Erkenntnis der Barmherzigkeit Gottes bestärkte Luther in der Überzeugung: Die Heilige Schrift bewahrheitet sich selbst, indem sie Glauben weckt. Sie befreite Luther aus seiner Angst vor dem Richterspruch Gottes.

Mit der öffentlichen Verbrennung der päpstlichen Bannandrohungsbulle und des kanonischen Kirchenrechts am 10. Dezember 1520 vertiefte Luther den Riss mit der römisch-katholischen Kirche. Als letzte Autorität galt für ihn von nun an nur noch die Heilige Schrift, nicht die Lehre der Kirche. Weil sein Gewissen in Gottes Wort gefangen war, forderte er biblische Beweise (WA 7, 97, 19ff.).

In diesem Sinne fragt er im Kleinen Katechismus mehrfach: „Wo steht das geschrieben?“ Seine Belehrung gründet er auf Gottes Wort. Nur sie bleibt als letzte Autorität bestehen.

Abkürzungen: WA = Weimarer Ausgabe; WA DB = Weimarer Ausgabe Deutsche Bibel (zitiert nach Band, Seite, Zeile).

Stefan Lämmer ist Gemeindepfarrer in Öschingen.

Karl-Heinz Bormuth

„Dem Volk aufs Maul schauen“

Martin Luther und die deutsche Sprache

Wenn wir an Luthers Verhältnis zur deutschen Sprache denken, steht uns in der Regel seine Bibelübersetzung vor Augen. Darum soll sie auch hier Ausgangspunkt der Überlegungen sein. Der Theologe und Germanist Dr. Friso Melzer hat dazu Grundlegendes in seinem lesenswerten Buch „Unsere Sprache im Lichte der Christus-Offenbarung“ (nur antiquarisch erhältlich) gesagt. Er sieht in Luthers Bibelübersetzung ein Werk, das in Gottes Vollmacht geschehen ist. Dazu müssen drei Bedingungen erfüllt sein, die aber kein Mensch von sich aus erfüllen kann.

1. Der Übersetzer muss selbst im Christusglauben stehen.
Luther sagte dazu in seinem „Sendbrief vom Dolmetschen“: „Es ist Dolmetschen nicht eines jeglichen Kunst. Es gehört dazu ein recht fromm, treu, fleißig, furchtsam, christlich, gelehrt, geübt Herz. Darum halte ich, dass kein falscher Christ noch Rottengeist treulich dolmetschen könne.“

Aus solcher glaubenden Haltung ergab sich für ihn zunächst ein grundlegendes Verhältnis zur Sprache überhaupt. Sie ist die höchste Gabe, die Gott dem Menschen verliehen hat. In ihr kann der Mensch auch im Gebet mit Gott reden, der durch sein Wort zum Menschen redet. „Gottes Werke sind seine Worte.“ Dazu gehört es, dass das Wort Gottes in jeder einzelnen Sprache hörbar wird. Das bedeutet die intensive Hinwendung zur Muttersprache.

Luther konnte immer wieder betonen, dass er „zu seinen lieben Deutschen“ gesandt sei. Dieser Ausspruch ist nicht im nationalistischen Sinne gemeint, als seien die Deutschen und die deutsche Sprache etwas Besonderes in der Welt. Vielmehr war es für Luther Gottes Führung und

Platzanweisung in der Geschichte, als Deutscher den Deutschen das Evangelium auf die beste Weise hörbar zu machen.

2. Der Übersetzer muss den Urtext verstehen.

Ohne die Kenntnis der hebräischen und griechischen Sprache kann niemand die Bibel übersetzen. Deshalb hat Luther in seiner Schrift „An die Ratsherren" betont, dass man das Studium der alten Sprachen nicht vernachlässigen dürfe:

„Denn das können wir nicht leugnen, dass, wiewohl das Evangelium allein durch den Heiligen Geist ist kommen und täglich kommt, so ist es doch durch die Sprachen gekommen, hat auch dadurch zugenommen und muss auch dadurch behalten werden. Denn Gott hat seine Schrift nicht umsonst allein in die zwei Sprachen schreiben lassen. … Welche auch Gott nicht verachtet, sondern zu seinem Wort erwählt hat vor allen anderen, sollen wir dieselben vor allen anderen ehren. … Die Sprachen sind die Scheiden, darin dies Messer des Geistes steckt. Sie sind der Schrein, darin man dies Kleinod trägt."

So hat sich Luther sein ganzes Leben lang um eine gründliche Kenntnis und Erforschung der biblischen Sprachen bemüht.

3. Der Übersetzer muss die Sprache meistern, in die hinein er übersetzt.

Zunächst kam Luther seine große Sprachbegabung und seine Liebe zur Muttersprache zu Hilfe. Sie musste aber auch gepflegt und in die richtige Richtung gelenkt werden. Aus seiner innersten Glaubensüberzeugung kam sein tiefes Verlangen, dass alle im Volk das Evangelium hören und verstehen sollten. An die Stelle einer für viele unverständlichen Gelehrtensprache sollte eine lebendige, allgemein verständliche Sprache treten. Hierzu sagte er im „Sendbrief vom Dolmetschen": „Man muss die Mutter im Hause, die Kinder auf der Gasse, den gemeinen Mann auf dem Markt darum fragen und denselbigen auf das Maul sehen, wie sie reden, und danach dolmetschen. So verstehen sie es dann und merken, dass man Deutsch mit ihnen redet."

Damit war keineswegs eine oberflächliche und primitive Redeweise gemeint. Vielmehr war es Luther bewusst, dass es viel Mühe und Arbeit erfordert, in einer alltäglichen, verständlichen Ausdrucksweise zu reden. Er hat oft mit seinen Mitarbeitern zusammen um den rechten Ausdruck gerungen. Dazu sagte er: „Und es ist uns wohl oft begegnet, dass wir vierzehn Tage, drei oder vier Wochen ein einziges Wort gesucht und danach gefragt, und es dennoch zuweilen nicht gefunden haben."

Bei seiner Übersetzung verzichtete Luther auf seinen eigenen mitteldeutschen Dialekt und schloss sich im Wesentlichen der sächsischen Kanzleisprache an. Die Zahl der Bibeln, die bis zu seinem Lebensende gedruckt wurden, zeigt, dass seine Sprache weiten Anklang fand. Sie wird auf über eine Million geschätzt. Kein Buch wurde damals so oft gekauft und gelesen. Eine wesentliche Rolle spielten dabei auch die Vorreden zu den einzelnen biblischen Büchern, die Luther den Bibeldrucken mitgab.

Neben der geistigen Kraft, die das Wort Gottes bei seinen Lesern und Hörern selbst entfaltete, war es Luthers Sprachkunst und sein ständiges Arbeiten an seinem Ausdruck. Er hatte auch ein gutes Verständnis für die gefühlsmäßige Seite der Sprache, die nicht nur den Verstand des Menschen ansprach, sondern in die Tiefen seiner Emotionen drang.

Ich möchte noch einige Beispiele zu Luthers Sprachkunst anfügen.

Luther wurde von seinen Gegnern vorgeworfen, er habe an einer Kernstelle des Evangeliums ein Wort eingefügt, das im griechischen Urtext dort nicht stehe. Es handelt sich um Römer 3,28: „So halten wir nun dafür, dass der Mensch gerecht wird ohne des Gesetzes Werke, allein durch den Glauben." Dieses „allein" hat man ihm sehr übel genommen und als Textfälschung bezeichnet. Aber es war keine eigene Sonderlehre Luthers, vielmehr fügte er es ein aus dem tiefen Verständnis der deutschen Sprache. Er wusste, dass es im Text nicht enthalten war, aber das Empfinden für den deutschen Ausdruck ließ es ihn einfügen, weil er überzeugt war: Nur so wird der Sinn des ganzen Verses in seiner vollen Kraft deutlich.

Luther vermied in seinen Texten einen abstrakten Stil, der sich vieler Hauptwörter bediente. Als Beispiel möge Matthäus 12, 34 dienen. Dort lesen wir im Griechischen wörtlich: „Aus dem Überfluss des Herzens redet der Mund.“ Uns allen ist Luthers Übersetzung bekannt geworden, weil daraus gleichsam ein Sprichwort geworden ist: „Wes das Herz voll ist, des geht der Mund über.“

Auch einen passiven Stil hat er gern vermieden. In Römer 10,10 heißt es im Griechischen wörtlich: „Mit dem Herzen wird geglaubt zur Gerechtigkeit, mit dem Munde aber wird bekannt zur Rettung.“ Hier heißt es bei Luther: „Denn wenn man von Herzen glaubt, so wird man gerecht, und wenn man mit dem Munde bekennt, so wird man gerettet.“

Auch ein Beispiel aus den Psalmen soll uns noch erfreuen. Es steht in dem weithin bekannten 23. Psalm. Dort heißt es in Vers 5: „Du salbst mein Haupt mit Öl und mein Becher fließt über.“ Luther übersetzte: „Du salbst mein Haupt mit Öl und schenkst mir voll ein.“ Rein verstandesmäßig ist es das Gleiche, ob der Becher überfließt oder ob ihn jemand voll einschenkt. Aber Luther in seinem tiefen Empfinden für die Sprache und ihre gefühlsmäßige Seite, spürte den Unterschied in der Ausdrucksweise. Das Überfließen eines Bechers kann aus manchen Gründen geschehen und ist nicht mehr als eine sachliche Feststellung. Wenn aber jemand einem anderen den Becher voll einschenkt, dann zeigt sich darin die liebevolle Zuwendung zu dem, dessen Becher gefüllt wird.

Karl-Heinz Bormuth ist Studiendirektor a.D. und lebt in Marburg/Lahn.

Ernst Lippold

Martin Luther und seine Lieder

Wer zum Gottesdienst in die Kirche ging, hatte früher sein Gesangbuch unter dem Arm. So kenne ich es noch von meinen Eltern und Großeltern. Heute stehen die Gesangbücher am Eingang der Kirche im Regal und werden den Besuchern normalerweise ausgeteilt. Nach dem Gottesdienst halten die Bücher dann wieder ihren Wochenschlaf bis zum nächsten Sonntag. Manchmal aber gibt es zum Gottesdienst noch ein extra vervielfältigtes Blatt, auf dem ein neues Lied steht, das gesungen und gelernt werden soll.

Genau das ist der Ursprungsort von Luthers Liedern! Sie standen auf Einzelblättern, manchmal gleich zwei oder drei, und wurden als sogenannte Flugschriften gedruckt und vertrieben. Heute würde man „Flyer" dazu sagen. Druckereien in Wittenberg, Erfurt, Augsburg und anderswo machten große Auflagen und hatten reißenden Absatz, vielfach ohne Luther überhaupt zu fragen. Aber dem war das recht: Die Botschaft der Reformation kam so auf die Märkte und Straßen, in die Häuser und die Herzen – und von da dann natürlich auch in die Gottesdienste der Kirchen. Wer in seine Kirche ging und diese Lieder mitnahm und mitsang, brachte Erfahrungen mit, die er mit seinem Glauben im Alltag gemacht hatte, gerade in der Zeit des großen reformatorischen Umbruchs. Das spiegeln Luthers Lieder.

Die Menschen zu erreichen, gerade die einfachen Menschen, denen man mit den lateinischen Hymnen und liturgischen Gesängen nicht kommen konnte, das war Luthers Ziel. Der Gottesdienst wandelte sich, gerade durch die neuen Lieder. Jetzt sang die Gemeinde – und nicht mehr vor allem die Schola, der liturgische Chor da vorn. Was nun gesungen wurde, war deutsch, nicht mehr Gelehrtenlatein. Und die Gemeinde hatte nicht mehr nur ein kurzes „Kyrie" oder „Halleluja" oder „Amen" zu singen, sondern das waren jetzt ganze Strophen. In den Liedern sprach sie aus, was sie bewegte, was sie glaubte, was sie hoffte – und natürlich auch, worunter sie litt. Luthers Lieder haben typische „Ich-Strophen" und „Wir-Strophen". Die singende Gemeinde machte aktiv mit bei der Gestaltung der Gottesdienste!

Natürlich blieben die klassischen gottesdienstlichen Elemente erhalten: Kyrie, Gloria, Credo, Sanctus, Benedictus, Agnus Dei. Luther war kein Bilderstürmer! Aber nun bitte in deutscher Übersetzung, damit alle verstehen, worum es da geht, dass alle mitmachen können. Und gegen den Chorgesang hatte Luther gar nichts: Das wohl älteste Gesangbuch der Reformation war für Schulchöre bestimmt; das „Geystliche Gesangbuchleyn" von 1524 erschien in fünf Stimmbüchern, daraus sollte also vierstimmig gesungen und der Gesang begleitet werden. Es enthält 43 mehrstimmige Liedsätze, 24 der Liedtexte stammen von Martin Luther. Schon ein Jahr vorher war, für den Gebrauch in der Gemeinde, ein „Achtliederbuch" erschienen, das lauter Lutherlieder enthielt.

Woher stammen die Melodien? Sicher ist, dass Luther selbst auch Melodien schuf. Er war ein hochbegabter Musiker, sein Bild als Lautenspieler ist bis heute weit bekannt. Allerdings: Wenn die Lieder im Volk ankommen sollten, mussten die Melodien eingängig sein, volksliednahe. Manchmal hat Luther sich an vorhandenen bekannten Weisen orientiert, zum Beispiel an den sogenannten Leisen, Strophengesängen zum Kyrie, die es im Mittelalter bereits gab. Aber er gab seinen Melodien doch immer ein unverkennbares Gepräge. Er folgte sehr einfühlsam dem Text und entwickelte sogar eine eigene typische „Lutherstrophe", in der Text und Melodie wunderbar harmonieren.

Luthers Liedschaffen, soweit es uns überliefert ist, begann 1523, in einer besonders schwierigen Zeit. 1521 wurde die päpstliche Bannbulle gegen ihn erlassen, und das Wormser Edikt verhängte die Reichsacht über ihn. Die Reformation musste erkennen, dass es eine Erneuerung der Kirche in Gemeinschaft mit Rom nicht geben würde. Es mussten also eigene Strukturen und Ordnungen geschaffen werden. Das galt für das Verhältnis von weltlicher und geistlicher Obrigkeit, für das Verhältnis von Amt und Gemeinde, vor allem aber war das rechte Verständnis des Evangeliums zu klären. Und da meldeten sich auch im Raum der Reformation unterschiedliche Stimmen, zum Beispiel die des streitlustigen und radikalen Thomas Müntzer und die der eigensinnigen Täufer. Wie konnte da die evangelische Kirche zusammenhalten und auf dem rechten Wege bleiben? Luther hatte zu kämpfen, mehr denn je. Denn im Trubel der Zeit drohte der Glaube bei den Menschen unter die Räder zu geraten.

Das ist der Hintergrund seines eigentlichen Reformations-Kampfliedes (EG 273). Hier drei der sechs Strophen:

Ach Gott, vom Himmel sieh darein
und lass dich des erbarmen,
wie wenig sind der Heilgen dein,
verlassen sind wir Armen.
Dein Wort man lässt nicht haben wahr,
der Glaub ist auch verloschen gar
bei allen Menschenkindern.

Sie lehren eitel falsche List,
was eigen Witz erfindet;
ihr Herz nicht eines Sinnes ist
in Gottes Wort gegründet;
der wählet dies, der andre das,
sie trennen sich ohn alle Maß
und gleißen schön von außen.

Darum spricht Gott: „Ich muss auf sein,
die Armen sind verstöret;
ihr Seufzen dringt zu mir herein,
ich hab ihr Klag erhöret.
Mein heilsam Wort soll auf den Plan,
getrost und frisch sie greifen an
und sein die Kraft der Armen.“

Das Lied ist 1523 entstanden, es erschien zuerst auf einem 3-Lieder-Flugblatt, das verschollen ist. Erhalten ist es im „Achtliederbuch“ (Augsburg 1524). Es zeigt sich in der typischen Strophenform: zwei Reimpaare in den Zeilen 1/3 und 2/4, dann ein anderes Reimpaar in den Zeilen 5/6 und schließlich eine reimlose Schlusszeile, die das Ganze zusammenfasst.

Zum Inhalt: Die Reformation hat zu kämpfen. Als die Kraft der Armen bewährt sich gerade dieses Lied in Situationen, wo die evangelische Lehre auf Widerstand stößt oder wo sie gar zu zersplittern droht. Es wurde öffentlich bei Protestmärschen gesungen von Christen, die das Wort Gottes gefährdet sahen, zum Beispiel durch die päpstliche Lehre vom Ablass – mit den 95 Thesen gegen den Ablasshandel hatte ja alles begonnen. In Braunschweig und in Lübeck wurden mit diesem Gesang päpstliche Prediger direkt von der Kanzel vertrieben!

Aber auch im reformatorischen Bereich selbst gab es Trennungen „ohn alle Maß“. Es hat Jahrhunderte gebraucht, bis sich die Erben Luthers, Zwinglis und Calvins endlich auf ein gemeinsames Verständnis ihrer Streitpunkte, besonders des Abendmahls, einigen konnten. Das war 1973 auf dem Leuenberg (im Anhang des Evangelischen Gesangbuchs dokumentiert).

Zu den frühen Liedern Luthers gehört auch sein eigentliches Evangeliumslied (im EG 341), hier drei der zehn Strophen:

Nun freut euch, lieben Christen g'mein,
und lasst uns fröhlich springen,
dass wir getrost und all in ein
mit Lust und Liebe singen,
was Gott an uns gewendet hat
und seine süße Wundertat;
gar teu'r hat er's erworben.

Nach dieser ersten Strophe folgt dann eine ganz ausführliche Schilderung des Heilshandelns Gottes, wie es der Glaube erfährt. In einem Gesangbuch von 1533 trägt dies Lied die passende Überschrift: „Wie der Sünder zur Gnade kommt". Luther hält sich da ganz an den Römerbrief des Apostels Paulus, Kapitel 3,7 und 8. Aus der Sünde helfen keine guten Werke, aber Gott greift aus Barmherzigkeit ein. Er sendet seinen Sohn, von dem es heißt (Strophe 7):

Er sprach zu mir: „Halt dich an mich,
es soll dir jetzt gelingen;
ich geb mich selber ganz für dich,
da will ich für dich ringen;
denn ich bin dein und du bist mein,
und wo ich bleib, da sollst du sein,
uns soll der Feind nicht scheiden."

Und als letzte und zehnte Strophe dann die reformatorische Mahnung und Warnung in immer noch gefährlicher Zeit. Christus spricht:

„Was ich getan hab und gelehrt,
das sollst du tun und lehren,
damit das Reich Gotts wird gemehrt
zu seinen Lob und Ehren;
und hüt dich vor der Menschen Satz,
davon verdirbt der edle Schatz:
das lass ich dir zur Letze."

Die Satzungen der Menschen sollen sich nicht einmengen in die göttliche Botschaft des Evangeliums Christi und so tun, als könnten sie aus eigener Kraft der Welt Heil verschaffen – das ist allein Gottes Sache.

Schließlich ein Lied, das fast zur Nationalhymne der evangelischen Kirche geworden ist (EG 362), hier zwei der vier Strophen:

Ein feste Burg ist unser Gott,
ein gute Wehr und Waffen.
Er hilft uns frei aus aller Not,
die uns jetzt hat betroffen.
Der alt böse Feind
Mit Ernst er's jetzt meint;
Groß Macht und viel List
Sein grausam Rüstung ist,
auf Erd ist nicht seinsgleichen.
…
Das Wort sie sollen lassen stahn
und kein Dank dazu haben;
er ist bei uns wohl auf dem Plan
mit seinem Geist und Gaben.
Nehmen sie den Leib,
Gut, Ehr, Kind und Weib:
lass fahren dahin,
sie haben's kein Gewinn,
das Reich muss uns doch bleiben.

Kein Lutherlied ist so bekannt, aber auch keines so umstritten wie dieses. Die kriegerische Bildsprache ist bezeichnend: Wehr und Waffen, alter böser Feind, grausame Rüstung, Macht und List. Das ist zu Zeiten missbraucht worden im Sinne eines patriotischen deutsch-evangelischen Nationalismus, zum Beispiel bei den sogenannten „Deutschen Christen" der Nazizeit. Wenn es da am Ende heißt: „das Reich muss uns doch bleiben", dann dachte man wohl ziemlich deutlich auch an das „Deutsche Reich", wie sich Deutschland damals nannte. Aber das ist eine Fehldeutung des Liedes.

Luther hält sich an den Psalm 46 und dort heißt es: „Gott ist unsere Zuversicht und Stärke … darum fürchten wir uns nicht … Der Gott Jakobs ist unser Schutz … der den Kriegen steuert in aller Welt." Dies ist kein Kampflied, sondern ein Trost- und Vertrauenslied! Gerade in kriegerischen Zeiten ist mit unserer Macht nichts getan, aber Gott ist die feste Burg, die schützt und bewahrt.

In der letzten Strophe gibt es Stellen, wo Luthers Sprache schwer zu verstehen ist. Die beiden ersten Zeilen könnte man heute so wiedergeben: „Das Wort (Gottes) müssen sie stehen lassen, ob sie wollen oder nicht, Gott ist bei uns im Glaubensstreit mit seinem Geist und seinen Gaben."

Die letzten Zeilen wollen nicht etwa sagen: Es ist egal, ob wir alles verlieren, das soll uns nichts ausmachen. So leichtfertig denkt Luther nicht über die Güter des Lebens! Gemeint ist: Auch wenn Christen, die sich zur evangelischen Lehre und Kirche halten, bedroht werden, wenn ihnen Respekt, Eigentum, das Recht auf Zusammensein, ja das Leben selbst genommen werden soll, kann sie das alles dennoch nicht trennen von Gott, in dessen Reich sie geborgen bleiben. Vertrauen, Zuversicht, Trost, Ermutigung – das will das Lied verbreiten!

Luthers Lieder haben sich in den Gesangbüchern der evangelischen Kirche durch die Jahrhunderte nahezu vollständig erhalten, nur die Rechtschreibung ist jeweils angepasst worden. Unser Evangelisches Gesangbuch von heute enthält 33 Lieder oder Melodien Martin Luthers. Ein wunderbares Zeichen wachsenden Verständnisses zwischen der evangelischen und der katholischen Kirche ist es, dass das katholische Gesangbuch „Gotteslob" – gerade auch in seiner neuen Ausgabe von 2013 – wieder sechs Lieder von Martin Luther enthält (Gl 208, 237, 252, 277, 475, 503). Möge uns dieser Schatz weiter erhalten bleiben und uns in der Gemeinschaft der Kirchen einander näherbringen. Den Glauben der Christen stärken, verlebendigen und in die Welt hinaustragen zu einem fröhlichen Bekenntnis, das tröstet und Frieden stiftet – das ist es, was Luthers Lieder wollen. Dank dafür!

Ernst Lippold ist Oberkirchenrat i. R. und lebt in Garbsen bei Hannover.

Eberhard Winkler

Luther und Erasmus

Erasmus und Luther verband vieles, aber diese beiden Geistesgrößen fanden nicht zueinander. Anfangs brachte Luther dem 1466 (oder 1469) in Rotterdam geborenen führenden Vertreter des Renaissance-Humanismus Respekt entgegen. Beide stimmten darin überein, dass tief gehende Reformen der Kirche auf biblischer Grundlage notwendig seien. Die erforderlichen Reformen verlangten eine solide, auf der Kenntnis der hebräischen und griechischen Sprachen basierende Schriftauslegung. 1516 stellte Erasmus dafür die wichtigste Quelle bereit, indem er das griechische Neue Testament herausgab, das Luther für seine Übersetzung benutzte.

Der große, weltgewandte Humanist beobachtete die reformatorischen Aktivitäten des Wittenberger Bibelprofessors zuerst wohlwollend. Ihm missfiel allerdings Luthers direkte, oft schroffe Art. „Mir scheint, dass höfliche Mäßigung mehr nützt als Heftigkeit“, schrieb er an Luther (WA Br.1, 413, 36) und nahm das Papstamt in Schutz: „Es bringt mehr, auf jene zu schimpfen, die die päpstliche Autorität missbrauchen, als auf die Päpste selbst“ (ebd., 38). Erasmus lag ähnlich wie Melanchthon daran, Konflikte auszugleichen und Kontroversen nicht zuzuspitzen. Er ahnte die Gefahr einer Kirchenspaltung, die er auf jeden Fall vermeiden wollte.

Auch Luther hoffte bis 1520 auf eine positive Reaktion des Papstes und suchte die Übereinkunft mit Erasmus. In einem Brief vom 28.3.1519 sprach er ihn als „unser Schmuck und unsere Hoffnung“ an (Br 1, 161). Bald und in zunehmendem Maß zeigten sich jedoch beide voneinander enttäuscht.

1524 forderte Erasmus den Reformator mit einer Schrift über den freien Willen zur akademischen Auseinandersetzung heraus, nachdem verschiedene Gegner Luthers, unter ihnen Herzog Georg von Sachsen, ihn dazu aufgefordert hatten. Luther antwortete 1525 mit aller Schärfe durch die Abhandlung „De servo arbitrio“ (Vom unfreien Willen). Damit besiegelte er den Bruch zwischen beiden. Er sprach den Gegner zwar immer noch als verehrungswürdigen und ehrenwerten Mann an, griff aber gleich darauf zur Ironie: „Ich gestehe dir die Siegespalme zu“ (LDStA 1,221,15). Erasmus, erklärte Luther, habe nichts gesagt, was nicht vorher schon gesagt worden sei. Er drückte Erasmus sein Mitleid dafür aus, dass dieser seine schöne und geistreiche Ausdrucksweise mit Dreck besudelt und in goldenen und silbernen Gefäßen Abfall und Mist transportiert habe.

Erasmus' Bemühen, nirgends anzuecken, weckte bei Luther Widerwillen und Verachtung, die er schonungslos aussprach, obwohl er spürte, dass seine Worte auf den feinsinnigen Gelehrten barbarisch wirkten. Für Luther kam es entscheidend darauf an, dass der Mensch völlig von Gott abhängig sei und nichts leisten könne, wenn es um sein Heil ging. Erasmus lag daran, dass der Mensch die ihm von Gott gegebenen Möglichkeiten nutzte. Willensfreiheit verstand er als „die Kraft des menschlichen Willens, durch die er sich dem zuwenden kann, was zum ewigen Heil führt, oder sich davon abwenden kann“ (StA 3,215 Anm. 266).

Luther hatte leidvoll erfahren, dass nicht die Anstrengung des eigenen Willens zur Freiheit der Kinder Gottes führt, sondern allein der Glaube (sola fide). Lebendiger Glaube, so betonte er, bringe die Früchte der tätigen Liebe und bestimme das ganze Leben. Luther leugnete nicht, dass der Mensch dabei Willensentscheidungen zu treffen habe. Der Willen des Glaubenden sei aber an Gottes Wort gebunden und im Vollzug des göttlichen Willens hänge der Mensch total von der Gnade (sola gratia) ab. Wir verstehen die Schärfe der Auseinandersetzung nur, wenn wir die Situation des Kampfes bedenken, in dem Luther stand. Auf dem Wormser Reichstag hatte er den verlangten Widerruf verweigert mit der Begründung, dass sein Gewissen in Gottes Worten gefangen sei.

Diese kompromisslose Bindung an das biblische Wort hielt Erasmus für überzogen. Er verwies auf die dunklen Stellen in der Heiligen Schrift.

Luther sah darin eine skeptische Relativierung des Glaubens und hielt Erasmus vor: „Der Heilige Geist ist kein Skeptiker“ (LDStA 1,232,28). Die Wahrheit des Glaubens müsse in absolut gültigen Aussagen bezeugt werden, die Luther „assertiones“ nennt. Das Wort bedeutet nach seiner Erklärung: „beständig anhängen, bekräftigen, bekennen, beachten und unerschütterlich ausharren“ (227,24f.). „Nimm die assertiones weg, und du hast das Christliche weggenommen“, behauptet er. Es gehe dabei um wesentliche, nicht zweitrangige Inhalte.

Luther ärgerte sich darüber, dass Erasmus erklärte, er wolle sich nicht nur der Heiligen Schrift, sondern auch den kirchlichen Dekreten unterwerfen, egal ob er sie verstehe oder nicht: „Was redest du da, Erasmus? Ist es nicht genug, seine Meinung den Schriften zu unterwerfen? Du unterwirfst dich dazu noch den Lehrentscheidungen der Kirche? Was kann die bestimmen, was nicht in der Schrift schon bestimmt wäre? Wo bleiben dann die Freiheit und die Kraft des Urteils über jene Entscheidungsträger?“ (231,30-34). Luther bezog seine Freiheit zum Kampf gegen die kirchlichen Autoritäten und die Gewissheit im Widerspruch gegen die theologischen Gegner aus der festen Überzeugung, dass die Heilige Schrift auf seiner Seite steht. Was man dogmatisch das Schriftprinzip nennt, hatte für ihn entscheidende existenzielle Bedeutung. „Was gibt es denn Schlimmeres als Ungewissheit?“, fragte er Erasmus (231,27).

Erasmus wollte seinem Gegner nicht die Heilsgewissheit nehmen, aber er meinte doch, seine Berufung auf die Schrift infrage stellen zu müssen, zumal Luther dabei mit der Tradition in Konflikt geriet und den Konsens in der Kirche gefährdete. Luther warf ihm vor: „Deine Worte klingen gerade so, als wäre es dir ganz gleich, was von wem wo geglaubt wird. Hauptsache, der Friede der Welt bleibt bewahrt!“ (233,13-15). Damit wurde er dem großen Humanisten und frommen Christen Erasmus nicht gerecht. Er gestand, „dass in Gott vieles verborgen ist, was wir nicht wissen“ (235,20), sowie „dass viele Stellen in der Schrift undeutlich und dunkel sind“ (235,33). Die Heilige Schrift lege sich aber selber aus: „Wenn die Worte an einer Stelle undeutlich sind, sind sie doch an einer anderen Stelle klar" (237,6-8). Die Klarheit der Heiligen Schrift ermögliche die notwendigen gewissen Aussagen des Glaubens, die assertiones.

Allerdings verhinderte die Klarheit der Schrift nicht, dass die Reformatoren und ihre Nachfolger bei der Auslegung oft zu unterschiedlichen Ergebnissen gelangten. Sowohl die Wittenberger als auch die Schweizer Reformatoren beriefen sich auf das Schriftprinzip, aber sie konnten sich in der Frage nach dem rechten biblischen Verständnis des Heiligen Mahls nicht einigen. Auch die Täufer argumentierten mit der Heiligen Schrift, als sie die Kindertaufe verwarfen und die Glaubenstaufe forderten.

Die damaligen Auseinandersetzungen lassen sich 500 Jahre später nicht nach heutigen Maßstäben beurteilen. Luther äußerte sich so abfällig über Erasmus, dass die sachliche Kontroverse zur persönlichen Verunglimpfung ausartete. Leider galt das auch im Blick auf Zwingli, Karlstadt, Müntzer und andere Gegner, denen Luther zuerst näherstand als Erasmus. So erklärte er in seiner bildhaften Sprache, er habe sehr viele Nüsse aufgebissen, die er für gut hielt, die sich aber als löcherig erwiesen: „Zwingli, Erasmus sind nichts als löcherige Nüsse, die einem ins Maul scheißen" (TR 452). In einer anderen Tischrede von 1533 drückt er Hass aus: „Deshalb hasse ich Erasmus von Herzen, weil er das zur Diskussion stellt, was unsere Freude sein sollte" (TR 494).

Luthers Tischreden sind keine für den Druck genehmigten Interviews. Sie zeigen im Blick auf Erasmus, wie enttäuscht Luther darüber war, dass der große Humanist neutral bleiben wollte und ihn im Entscheidenden nicht verstand. Unverstanden fühlte sich aber auch Erasmus, obwohl Luther für die positiven Impulse des Humanismus offen war, die vor allem durch Melanchthon in der Wittenberger Reformation wirksam wurden. Am 12.7.1535 starb Erasmus in Basel und wurde im reformierten Münster beigesetzt.

Literatur:

Thomas Kaufmann: Luther und Erasmus. In: *Luther-Handbuch*, hg. von Albrecht Beutel. Tübingen 2005, 142–152.

Wilhelm Ribhegge: *Erasmus von Rotterdam.* Darmstadt 2010.
Abkürzungen: WA = Weimarer Luther-Ausgabe, darin Br = Briefe, TR = Tischreden; LDStA = Martin Luther Lateinisch-deutsche Studienausgabe.

Prof. Dr. Eberhard Winkler lebt in Gutenberg bei Halle/Saale.

Axel Noack

Beten lernen mit Martin Luther

„Wenn ich so andächtig wäre zum Beten wie Peter Wellers Hund zum Essen, so wollt ich noch heute mit Beten den Jüngsten Tag herbeiführen; denn er denkt den ganzen Tag an nichts anderes, als seine Schüssel auszulecken."

Aus Luther Tischreden

Für Martin Luther ist das Gebet eins der wichtigsten Themen überhaupt. Es fällt auf, dass Luthers Reden und Schreiben darüber auch sehr praktische Fragen behandelt. Er will vermitteln, wie man recht beten und darin weder nachlässig noch müde werden soll. Für ihn ist es eins der hauptsächlichen Werke des Teufels, der uns hindern möchte, richtig zu beten.

Zu den Texten, in denen sich Luther praktisch zum Gebet äußert, gehört ein Brief aus dem Jahr 1535 an seinen Friseur, Meister Peter aus Beskendorf, der ihn möglicherweise über die Praxis des Betens befragt hat.

Was ist Luther besonders wichtig?

Zum Ersten geht es ihm um die Ernsthaftigkeit im Beten. Das Beten ist ein ernstes und volle Konzentration forderndes Geschäft. Es betet sich nicht so nebenbei. Vor allen Dingen müssen Kopf und Herz dabei sein. „Das geht gegen die, welche die Psalmen nur lesen, ohne dass das Herz dabei beteiligt ist. Und es steht zu befürchten, dass die kirchlichen Gebete heutzutage eher ein Hindernis sind als ein Heilmittel, weil wir Gott nur noch mehr beleidigen, wenn wir sie ablesen, ohne mit dem Herzen dabei zu sein, da er sagt: ‚Dieses Volk ehrt mich mit seinen Lippen' usw. (Jesaja 29,3 u. a.) …"

Zum Beten gehört die verwegene Zuversicht, dass Gott uns hört

Zum Zweiten geht es Martin Luther um das feste Vertrauen des Beters, dass er von Gott erhört werden wird. „So ist das Gebet eine besondere Übung des Glaubens.“ Es gilt beides: ein herzliches Vertrauen darein, dass Gott unser ernstes Gebet erhört und dennoch die Zurückhaltung, Gott nicht gängeln zu wollen und ihm vorschreiben zu wollen, wie er unser Gebet erhört.

Hier gebraucht Luther das Bild einer geraden Straße („Mittelstraße“) und weiß genau, wie leicht man zur Rechten oder zur Linken vom Weg abweichen kann: „Daraus folgt, dass ein rechter Beter nimmer daran zweifelt, sein Gebet sei gewiss angenehm und erhöret, obgleich ihm auch nicht eben dasselbe gegeben werde, um das er bittet. Denn man soll Gott die Not im Gebet vorlegen, doch ihm nicht ein Maß, Weise, Ziel oder Stätte setzen, sondern es ihm anheimgeben, ob er es besser oder anders geben wolle als wir denken; denn wir wissen oft nicht, was wir bitten.“

Das ist sehr konkret: Wenn Gott mein Gebet nicht so erhört, wie ich es will, hat er es dann nicht erhört? Vielen mag das so erscheinen. In einer Tischrede sagt Luther dazu: „Die Welt hält das für Heil, wenn uns das Übel weggenommen wird. Aber Christus bedient sich einer anderen Kunst: … Er nimmt nicht das Übel aus unserem Leben weg, sondern führt das Herz vom Übel weg. Er gibt dir einen anderen Mut, dass du meinst, du sitzt im Rosengarten. Uns also ist mitten im Sterben das Leben.“ (Weimarer Ausgabe 12,576.20–34)

Praktische Anleitung für das Gebet

Martin Luther scheut sich nicht, praktische Hilfestellung für das tägliche Beten zu geben. Er will keine Vorschriften machen und rechnet sogar damit, dass andere es möglichweise besser können als er selbst. Aber er spricht – und das ist vermutlich ein großer Unterschied zu vielen unserer Zeitgenossen – ganz offen über seine Gebetspraxis. So schreibt er an Meister Peter:

„Lieber Meister Peter, ich geb's euch so gut, wie ich es habe und wie ich selber mich beim Beten (ver)halte. Unser Gott geb es euch und jedermann, es besser zu machen. Amen.

Erstens, wenn ich fühle, dass ich durch fremde Geschäfte oder Gedanken kalt und unlustig zu beten geworden bin, wie denn das Fleisch und der Teufel allezeit das Gebet wehren und hindern, so nehme ich mein Psälterlein, laufe in die Kammer oder, wenn es der Tag und die Zeit ist, in die Kirche zur Gemeinde und fange an, die Zehn Gebote, das Glaubensbekenntnis und, je nachdem ich Zeit habe, etliche Sprüche des Paulus oder (der) Psalmen mündlich für mich selbst zu sprechen, ganz wie es die Kinder tun.

Darum ist's gut, dass man frühmorgens das Gebet das erste und des Abends das letzte Werk sein lasse, und sich mit Fleiß vor diesen falschen, betrügerischen Gedanken hüte, die da sagen: Warte ein wenig, in einer Stunde will ich beten, ich muss dies oder das zuvor fertig machen. Denn mit solchen Gedanken kommt man vom Gebet in die Geschäfte, die halten und umfangen einen dann, dass aus dem Gebet den Tag über nichts wird" (Martin Luther: Eine einfältige Weise zu beten, für einen guten Freund; 1535).

Und wenn mein Glaube nicht reicht?

Hier taucht schon zu Luthers Zeiten und heute wohl noch viel mehr die Frage auf: Was ist mit meinem Gebet, wenn ich nicht wirklich glauben kann, Gott wird mich erhören? Hier ist vor allem Ehrlichkeit gefragt. Ich muss mir über das Maß meines Glaubens ehrlich Rechenschaft geben. Ich muss diese Schwäche deutlich sehen und auch aussprechen können. Aber: Verzweifeln soll ich darüber nicht. Zum einen soll ich wissen, dass alle, sogar Jesu Jünger, deutliche Schwächen im Glauben hatten. Und zum anderen soll mir klar sein: Glaube fällt nicht vom Himmel. Er will klein anfangen, wachsen und täglich erbeten werden. Jesus nennt oft gerade seine engsten Vertrauten „ihr Kleingläubigen" – und hilft ihnen (etwa mit der Sturmstillung) trotzdem. Luther sagt in einer Predigt über diese biblische Geschichte: „Der Herr verachtet den kleinen Glauben nicht."

Ein kleiner Glaube ist besser als gar kein Glaube.
Das gilt auch für unser Beten: „Wenn du aber sagst: Wie, wenn ich nicht glauben kann, dass mein Gebet erhöret und angenehm sei? Antwort: Eben deshalb ist der Glaube, Beten und alle anderen guten Werke geboten, dass du erkennen sollst, was du kannst und nicht kannst. Und wo du findest, dass du nicht so glauben und tun kannst: Beklage dich demütig darüber vor Gott und hebe so mit einem schwachen Funken des Glaubens an, um denselben täglich mehr durch seine Übung in allem Leben und Wirken zu stärken. Denn es ist niemand auf Erden, der an Gebrechen des Glaubens … nicht ein großes Stück habe. Denn auch die heiligen Apostel im Evangelium und vornehmlich Petrus waren schwach im Glauben, dass sie auch Christus baten und sagten (Luk. 17, 5): ‚Herr, mehre uns den Glauben‘, und er sie gar oft tadelt, dass sie einen geringen Glauben hätten. Darum sollst du nicht verzagen, nicht Hände und Füße gehen lassen, wenn du findest, dass du in deinem Gebet oder anderen Werken nicht so stark glaubest, wie du wohl solltest und wolltest. Ja, du sollst Gott aus Herzensgrund danken, dass er dir deine Schwachheit so offenbaret, durch welche er dich lehret und vermahnet, wie es dir not sei, dich im Glauben zu üben und täglich zu stärken. Denn wie viele siehst du, die dahingehen, beten, singen, lesen, wirken und scheinen, wie sie große Heilige wären, die doch nimmermehr dahinkommen, dass sie erkennen, wie es um das Hauptwerk, den Glauben, bei ihnen beschaffen sei.“ (Martin Luther: Von den guten Werken; 1520)

Fast zwangsläufig folgt daraus, dass ich von meinem Gebet nicht geringer denken soll als von den Gebeten anderer, die möglicherweise viel frömmer sind als ich es bin. Ja, nicht einmal vor dem glaubensstarken Apostel Paulus brauche ich mich mit meinem kleinen Gebet verstecken.

„Darum sollst du so sagen: mein Gebet, das ich tue, ist ebenso köstlich, heilig und Gott gefällig wie das des Paulus und der Allerheiligsten. – Grund: ich will ihn gern der Person halber heiliger sein lassen, aber des Gebotes halber nicht, weil Gott das Gebet nicht der Person halber ansieht, sondern seines Worts und Gehorsams halber. Denn auf das Gebot, darauf alle Heiligen ihre Gebete gründen, gründe ich meines auch, dazu bete ich eben um das, darum sie allzumal bitten oder gebeten haben.“ (Großer Katechismus von 1529)

Im Grunde ist es ganz einfach: Gott hat geboten zu beten, also haben wir es zu tun und es kann nicht falsch sein.

Beten und Handeln – wie gehört das zusammen?

Auch hierin haben wir es mit einer alten Fragestellung zu tun: Soll das Beten mein Tun ersetzen? Luthers Antwort ist ein klares Nein. Er erinnert an die alten Mönche: Beten und Arbeiten gehören zusammen. „Zwar können etliche Werke vorkommen, die ebenso gut oder besser als das Gebet sind, insbesondere wenn sie die Not fordert. So geht zum Beispiel ein Spruch unter dem Namen des Hieronymus: Alles Werk der Gläubigen ist Gebet, und ein Sprichwort heißt: Wer treulich arbeitet, der betet doppelt. Das muss aus diesem Grunde so geredet sein, weil ein gläubiger Mensch in seiner Arbeit Gott fürchtet und ehrt und an sein Gebot denkt, damit er niemand unrecht tun, noch (jemand be-)stehlen oder übervorteilen oder (etwas) veruntreuen wolle. Und solche Gedanken und Glauben machen ohne Zweifel aus seinem Werk zusätzlich ein Gebet oder Lobopfer“ (Martin Luther: Eine einfältige Weise zu beten, für einen guten Freund; 1535).

Wie nach Luther unsere tägliche Arbeit, unser „Beruf“ eigentlich ein Gottesdienst ist, so ist unsere Arbeit auch eine Form des Lobpreises Gottes. Wir loben damit Gott im Alltag: „Ein armes Mägdlein, das eines jungen Kindes wartet und treulich tut, was ihr befohlen ist, steht vor Gott gleich da wie ein Pfaff, der in einer güldenen Casel [Priestergewand] steht.“

Das Beten sollte am besten von früher Jugend an geübt werden

„Darum sollten wir uns von Jugend auf gewöhnen, ein jeglicher für alle seine Not, wo er nur etwas fühlet, das ihm aufstößt, und auch die anderer Leute, unter welchen er ist, täglich zu bitten, zum Beispiel für Prediger, Obrigkeit, Nachbar, Gesinde, und immer (wie gesagt) dabei Gott sein Gebot und Verheißung aufrücken und wissen, dass er’s nicht verachtet haben will. Das sage ich darum; denn ich wollte gerne, dass man solches wieder in die Leute brächte, dass sie recht beten lernten und nicht so roh und kalt hingehen, davon sie täglich ungeschickter werden zu beten, welches auch der Teufel haben will und mit allen Kräften dazu hilft, denn er fühlet wohl, was es ihm für Leid und Schaden tut, wenn das Gebet recht im Schwang gehet."

Luther beschämt uns mit seinem Gottvertrauen

Davon kann man sich anstecken lassen. Wie oft hat Luther Menschen getröstet! Ein wunderbares Beispiel dafür ist Luthers Brief an seinen zögerlichen Freund Philipp Melanchthon, der in Augsburg (Reichstag 1530) verhandeln muss, während Luther auf der Veste Coburg sitzt und aus der Ferne den Gang der schwierigen Verhandlungen verfolgt, in denen es für die evangelische Sache ziemlich bedrohlich steht.

Er schreibt am 27.6.1530 nach Augsburg: „Ich hasse gar sehr deine elenden Sorgen, von denen du, wie du schreibst, verzehrt wirst. Dass sie dein Herz so beherrschen, liegt nicht an der Größe der Not, sondern an der Größe unseres Unglaubens. ... Ich bete gewisslich für dich mit allem Fleiß, aber das ist mein Kummer, dass du dir mit deinen Sorgen hartnäckig das Blut aussaugen lässt und meine Gebete so zuschanden machst. Ich meinerseits bin wegen unserer Sache – ist es Beschränktheit oder Willen des Geistes, Christus weiß es! – nicht sehr besorgt, vielmehr habe ich größere Hoffnung, als ich gedacht hatte. Gott, der da mächtig ist, die Toten zu erwecken, ist auch mächtig, seine wankende Sache zu retten, die gefallene wieder aufzurichten, die bestehende zu fördern. Wenn wir nicht würdig sind, geschehe es durch andere!"

Solche Glaubenszuversicht finden wir auch im privaten Brief, etwa an seine Frau Käthe in Wittenberg. Aus Weimar schreibt er im Jahre 1540: „Meiner herzlieben Käthe, Doktorin Lutherin zu Händen. Gnade und Friede! Liebe Jungfrau Käthe, gnädige Frau von Zülsdorf! Ich füge Euch untertäniglich zu wissen, dass mir's hier gut gehet: ich fresse wie ein Böhme und saufe wie ein Deutscher, das sei Gott gedankt, Amen. Das kommt daher, Magister Philippus ist wahrlich tot gewesen und recht wie Lazarus vom Tod auferstanden. Gott, der liebe Vater, erhöret unser Gebet, das sehen und begreifen wir, nur dass wir's dennoch nicht glauben; da sage niemand Amen zu unserm schändlichen Unglauben ... Seid fröhlich alle und betet. Amen."

Prof. Axel Noack ist Landesbischof i. R. und lehrt an der Martin-Luther-Universität Halle-Wittenberg. Er lebt in Halle.

Rolf Sons

Luther als Seelsorger

War Martin Luther tatsächlich ein Seelsorger? Auf den ersten Blick wohl kaum. Zu deutlich stehen uns der große Reformator, der streitbare Theologe und der wuchtige Kirchenmann vor Augen. Dieses Bild scheint auf den ersten Blick zu einem einfühlenden und verständnisvollen Seelsorger nicht zu passen. Wer sich jedoch näher mit seiner Person beschäftigt, entdeckt die andere Seite Luthers. Luther war ein vielfach angefochtener und zugleich hochsensibler Mensch. Luther wusste um die Abgründe seines eigenen Herzens. In seiner eigenen Familie war er mit großem Leid – etwa dem Tod zweier seiner Kinder – konfrontiert. Schließlich hatte er sein Leben lang mit Schwermut zu kämpfen. Dazu kamen die geistlichen und theologischen Auseinandersetzungen um die Reformation. All diese Erfahrungen, dazu das tiefe Verwurzeltsein im Wort Gottes, formten Luther zu einem Seelsorger, der um die Trostbedürftigkeit des menschlichen Herzens wusste und zugleich gelernt hatte, sich den Anfechtungen zu widersetzen. „Trost“ und „Trotz“ werden zu den beiden Brennpunkten seiner Seelsorge.

Trost in Gewissensnöten

Das folgende Schreiben aus dem Jahr 1543 richtet Luther an eine Frau M., der Frau eines Bürgermeisters, der ein Fluchwort entschlüpft war.

„Gottes Gnad und Friede im Herrn! Meine Liebe Frau M.! Es hat mir Euer Bruder Johannes angezeigt, wie der böse Geist Euer Herz damit beschwert, dass ein solch böses Wort aus Eurem Munde gegangen ist: ‚Ich wollt, dass der Teufel alle die holet, so dazu geraten haben, dass mein Mann ist Bürgermeister worden.‘ Darum er Euch plagt und eingibt, als müsstet Ihr sein ewiglich bleiben.

Ei, liebe M., weil Ihr denn fühlet und bekennet, dass es der böse Geist ist, der Euch solche Wort herausgerissen hat, auch sein böse Eingebung ist, dass Ihr sollt sein bleiben, so sollt Ihr wissen, dass alles, was er eingibt, erlogen ist. Denn er ist ein Lügner. Denn gewisslich ist's nicht von Jesu Christo eingegeben, dass Ihr solltet des Teufels sein, sintemal er darum gestorben ist, dass die, so des Teufels sind, von ihm loswerden sollen. Darum tut also: Speiet den Teufel an und sprechet: Habe ich gesündigt, ei, so habe ich gesündigt, und ist mir leid, Christus hat alle Sünde weggenommen der ganzen Welt, so sie dieselbe bekennen; so ist gewiss diese meine Sünde auch weggenommen. Hebe dich, Teufel, ich bin absolvieret ... das bin ich schuldig zu glauben. Und wie wollt ich tun, wenn ich Mord, Ehebruch, ja Christum selbst gekreuzigt hätte? Dennoch, wo mich's reut und ich erkenne, so ist's vergeben, wie er am Kreuz spricht: Vater, vergib ihnen!

Meine M., du musst nicht Deinen Gedanken, noch des Teufels Gedanken glauben, sondern uns Predigern, welchen Gott befohlen hat, die Seelen zu unterrichten und zu absolvieren (...) Nun sprechen wir Prediger Dich los und frei in Christi Namen und aus seinem Befehl, nicht allein von dieser einigen Sünde, sondern von allen Sünden, die Dir angeboren sind von Adam, welche so groß und viel sind, dass sie Gott uns nicht will in diesem Leben alle und ganz verstehen lassen, viel weniger zurechnen. Darum sei zufrieden und getrost, Dir ist Deine Sünde vergeben, da verlasse dich kühnlich drauf und gehorche allem, was Deine Pfarrherr und Prediger sagen. Verachte ihr Wort und Trost nicht. Denn Gott selbst ist es, der durch sie mit Dir redet. (...) Glaube das, so wird der Teufel aufhören. Oder spricht: ‚Ich wollt ja gerne stärker glauben und weiß wohl, dass solches wahr und zu glauben ist. Ob ich's nicht genug glaube, so weiß ich doch, dass es Wahrheit ist.' Das heißt auch geglaubt zur Seligkeit. Christus, der liebe Herr, der für unsere Sünde gelitten hat, nicht für unsere Gerechtigkeit, tröste und stärke Dein Herz im rechten Glauben. Der Sünden halben hat's kein Not. Amen."

Was ist geschehen? Die Frau des Bürgermeisters hat eine Verwünschung ausgesprochen. Darüber ist ihr Gewissen beschwert. Nun fürchtet sie, für immer dem Teufel zu gehören.

Interessant ist, wie Luther diese negativen Gefühle zu entkräften versucht. Dabei argumentiert er zunächst in einem Zirkelschluss. Wenn der Teufel ihr ein schlechtes Gewissen eingibt, dann ist es garantiert erlogen, da der Teufel bekanntermaßen ein Lügner ist. Dem Teufel muss sie daher keinen Glauben schenken. Anders als der Teufel will Gott nämlich das Heil und nicht die Verdammnis des Menschen.

Luthers Rat an dieser Stelle ist seelsorgerlich gesehen absolut hilfreich. Verwerfungsgedanken können auf depressivem Hintergrund entstehen. Gewissensbisse können der eigenen Skrupelhaftigkeit oder Sensibilität entspringen und dürfen nicht von vornherein als ein Reden Gottes betrachtet werden. Der seelsorgerlich angemessene Umgang mit ihnen ist daher nicht, dass man ihnen nachgibt, sondern sie zurückweist.

Zusätzlich gibt Luther der Frau noch zwei Hilfen mit auf den Weg. Zum einen verweist er auf die Sündenvergebung. Auch wenn sie diese nicht unbedingt fühlen kann, so steht sie doch fest. Damit reißt er die Angefochtene von ihren Gefühlen weg und stellt sie auf Felsengrund.

Zum anderen geht Luther noch auf den schwachen Glauben der Frau ein. Falls die angefochtene M. all das, was Luther ihr vorgelegt hat, nicht glauben kann – sei es, weil ihr Glaube zu klein oder zu schwach ist –, so braucht sie sich dennoch nicht zu schämen. Es genügt, wenn sie die Worte für wahr hält. Auch wenn sich Erfahrung der Vergebung bei ihr emotional nicht eingestellt hat, so gilt diese trotzdem. Nicht das subjektive Erleben trägt, sondern die objektive Zusage Gottes.

Trotz bei teuflischer Anfechtung

Luthers Seelsorge kennt nicht nur den Trost des Evangeliums angesichts verzagter Gewissen, nagender Selbstvorwürfe und bohrender Glaubenszweifel. Sie kennt genauso den Trotz! Luther will Menschen nicht nur mit Zuspruch und Verheißung trösten. Er ruft sie auch zu kräftigem Widerstand auf. Seinem von Selbstmordgedanken geplagten Freund Jonas von

Stockhausen erinnert er daran, dass er sich negativen Gedanken mit aller Kraft widersetzen soll.

„Darum müsst Ihr ein Herz und Trotz fassen gegen Euch selbst und mit Zorn zu Euch selbst sprechen: ‚Nein, Gesell, wenn du noch so ungern lebst, so sollst du leben und musst mir leben. Denn so will's mein Gott, so will ich's haben; hebt euch, ihr Teufelsgedanken, in den Abgrund der Hölle mit Sterben und Tod; hier habt ihr nichts zu schaffen.'"

Luther überlässt seinen Freund nicht den von außen an ihn anstürmenden Gedanken. Vielmehr ruft er ihn zum Widerstand auf. Luther zeigt hier einen Weg auf, wie man mit Anfechtungen umgehen kann. Indem man sie als Gedanken des Teufels identifiziert, kann man sich davon distanzieren und sie abwehren.

Einen anderen Rat reicht Luther an Schwermütige weiter. Luther empfiehlt ihnen, das Gegenteil von dem zu tun, was der Teufel will. Will dieser Angst einjagen, so soll man sich vergnügen. Rät dieser zur Einsamkeit, so soll man in geselliger Weise mit Menschen zusammen sein. Will der Teufel einen zum Verstummen bringen, so soll man fröhlich ein Lied anstimmen.

In einem Brief an den Hauslehrer seiner Kinder, Hieronymus Weller, macht der Reformator diese paradoxe Vorgehensweise deutlich.

„Und sooft dich der Teufel mit diesen Gedanken plaget, suche sofort die Unterredung mit Menschen oder trinke etwas reichlicher oder treibe Scherze und Possen oder tue irgendetwas anderes Heiteres. Man muss bisweilen mehr trinken, spielen, Kurzweil treiben und hierbei sogar irgendeine Sünde riskieren und dem Teufel Abscheu und Verachtung zeigen, damit wir ihm ja keine Gelegenheit geben, uns aus Kleinigkeiten eine Gewissenssache zu machen. Andernfalls werden wir überwunden, wenn wir uns ängstlich darum sorgen, dass wir ja nicht sündigen.

Deswegen, wenn der Teufel einmal sagt: ‚Trinke nicht!', so sollt ihr ihm zur Antwort geben: ‚Gerade darum will ich kräftig trinken, weil du es verwehrt, und zwar trinke ich umso mehr.‘ So muss man das Gegenteil von dem tun, was der Satan verbietet. Aus was für einem anderen Grund glaubt ihr, dass ich – so wie ich's tue – kräftiger trinke, zwanglos plaudere, öfter esse, als um den Teufel zu verspotten und zu plagen, der mich plagen und verspotten wollte?“

Luther sieht, dass ein angefochtener Mensch nur tiefer in den Strudel seiner eigenen finsteren Gedanken gerät, wenn er sich ausschließlich auf diese konzentriert. Deshalb rät er, das genaue Gegenteil zu tun, was der Teufel rät. Dem Teufel, der einem das Leben verdrießen will, gelte es dadurch ein Schnippchen zu schlagen, indem man die guten Gaben Gottes nicht verschmäht, sondern dankbar genießt. Hier zeigt sich etwas von der Weite und heilsamen Kraft eines gesunden Schöpfungsglaubens!

Luther war durch und durch Seelsorger. Die Erfahrung der Anfechtung, das Zuhause im Wort Gottes und die Auseinandersetzung mit den Nöten seiner Zeit formten ihn zu seinem Seelsorger, dessen Impulse wir heute noch aufnehmen können.

Dr. Rolf Sons ist Pfarrer in Flein bei Heilbronn.

Christoph Morgner

Gewinn um jeden Preis?

Martin Luther und das Wirtschaftsleben

Martin Luther ist ein wacher Zeitgenosse. Vor allem durch seine umsichtige Frau, die im Haushalt ein kleines Familienunternehmen zu führen hat, bekommt er mit, wie es um die wirtschaftliche Lage der Menschen bestellt ist. Darüber hinaus führen ihn zahlreiche Fahrten hinaus aufs Land. Dazu pflegt er Gespräche mit einflussreichen Lokalpolitikern. Martin Luther nimmt aufmerksam wahr, was die Menschen bewegt. Er ist überzeugt: Die frohe Botschaft von Jesus Christus strahlt auf alle Bereiche des Zusammenlebens aus, auch auf Wirtschaft und Politik. Überall soll es so zugehen, wie Gott sich das vorstellt. Er will dem Leben und Zusammenleben seinen Stempel aufdrücken.

Es gibt für Luther keinen Bereich, in dem die sogenannten Eigengesetzlichkeiten des Geldes und der Märkte den Ton angeben könnten. Wo das vergessen wird und man sich darüber hinwegsetzt, nimmt nicht nur der Einzelne Schaden, sondern auch das gesellschaftliche Gefüge, in dem er sich befindet.

„Du sollst nicht stehlen"

In einzelnen Schriften, vor allem aber in seinen Tischreden, äußert sich Luther ausgiebig dazu. Er geht vom siebten Gebot aus: „Du sollst nicht stehlen" (2. Mose 20,15). Das steht gegen das, was Luther in seinem Umfeld wahrnimmt: Diebstahl, gewaltsame Beschlagnahme des Besitzes des Nächsten, Wucher und Betrug im Handel.

Er zieht dazu auch das neunte und zehnte Gebot heran (2. Mose 20,17f.), denen zufolge bereits das Begehren der Güter eines anderen in Gottes Augen eine Übertretung des Gebots darstellt. „Luther bedauerte, dass die Menschen sich auf diese Weise untereinander fraßen, aufrieben und verdarben“ (Luther-Lexikon). Deshalb hat er keine Hemmungen, die Bösewichte als Räuber und Mörder zu brandmarken.

Handel und Gewerbe sind jedoch keineswegs unchristlich: „Das aber kann man nicht leugnen, dass Kaufen und Verkaufen eine notwendige Sache ist, die man nicht entbehren und auch auf christliche Weise nutzen kann, vor allem bei den Dingen, die notwendig und anständig sind. Denn so haben auch die Patriarchen verkauft und gekauft: Vieh, Wolle, Getreide, Butter, Milch und andere Güter. Es sind Gottes Gaben, die er auf Erden gibt und unter den Menschen austeilt.“

Nein zum „ausländischen Kaufhandel“

Aber dann schränkt Luther ein: „Aber der ausländische Kaufhandel, der aus Kalikut (Kalkutta) und Indien kommt und Waren wie köstliche Seidenstoffe und Goldwerk und Gewürze herbringt, die nur zur Pracht und keinem Nutzen dienen und Land und Leute aussaugen, die sollten nicht zugelassen werden, wenn wir eine Regierung und Fürsten im Lande hätten.“ Die in damaliger Zeit heraufziehende Globalisierung mit ihren erweiterten Handelsmöglichkeiten sieht Luther skeptisch. Neue Kontinente werden erschlossen, dazu deren Bodenschätze, Früchte, Tiere etc. Das weckt die Begierde. Besonders in den großen Städten floriert die Wirtschaft und füllen sich die Kaufläden. Wer vermögend ist, kann sich die exotischen Produkte leisten. Ärmeren wird ihre Lage umso drastischer bewusst.

„Mein Haushalt ist sehr merkwürdig, weil ich mehr verzehre als ich einnehme.“

Als Theologieprofessor bringt er zu den wirtschaftlichen Fragen des eigenen Hauses nur ein begrenztes Verständnis auf. In einer Tischrede aus dem Jahr 1532 bekennt er: „Mein Haushalt ist sehr merkwürdig, weil ich mehr verzehre als ich einnehme. Ich muss jedes Jahr 500 Gulden für die Küche haben, von anderem will ich schweigen … Ich kann mich in dieser Haushaltung nicht einrichten … Aber unser Herr Gott muss der Narren Vormund sein." Ein Glück, dass Luther gut verheiratet ist. Die Rollenteilung, die er bereits in seinem Elternhaus erlebt hat, funktioniert: „Der Mann soll erwerben, das Weib aber soll ersparen. Darum kann das Weib den Mann wohl reich machen und nicht der Mann das Weib. Denn der ersparte Pfennig ist besser als der erworbene. So ist sparsam sein das beste Einkommen."

Weil er mehrfach mit entsprechenden Anfragen zu tun hat, verfasst Luther einige Schriften zum Wirtschaftsleben. Dabei legt er jedoch nicht dar, wie Wirtschaft im Einzelnen zu funktionieren hat, ist er doch in diesen Fragen Laie. Aber er steckt moralische Rahmenbedingungen für das Wirtschaftsleben ab. Seine Zielvorgabe: Alle Beteiligten sollen ihren Gewinn davon haben. Es soll gerecht und förderlich für alle zugehen. Auch hier gelten die göttlichen Gebote. Das wurde damals im wirtschaftlichen Überschwang gerne vergessen. Verärgert nimmt Luther wahr, wie die inflationäre Vermehrung von Geiz und Wucher viele Menschen ins Elend treiben. Er stellt empört fest, wie manche in kürzester Zeit zu Reichtum kommen: „Wie kann es nach göttlichem und menschlichem Recht zugehen, dass jemand in so kurzer Zeit so reich wird, dass er Könige und Kaiser aufkaufen kann?"

„Von Kauffshandlung und Wucher"

Im Jahre 1524 erscheint in deutscher Sprache (was ihre Bedeutung für die Öffentlichkeit unterstreicht) Luthers Schrift: „Von Kauffshandlung und Wucher". Luther nimmt wahr, dass die „Kluft zwischen reich und arm … immer größer" wird. Durch die Häufung von Missernten werden „viele Bauern gezwungen, Kredite aufzunehmen, die sie nicht zurückzahlen" können (Hans-Jürgen Prien). Wucherzinsen bis zu 40 Prozent werden verlangt. Die Folge: Reichtum und Armut vermehren sich gleichzeitig.

Zwar betrachtet Luther das Geld als unentbehrlich für das Wirtschaftsleben, aber es hat lediglich dienenden Charakter. Seine Vermehrung darf nicht zum Selbstzweck werden. Was heute im 21. Jahrhundert gang und gäbe ist, hat Luther damals als höchst problematisch durchschaut. „Sobald das Geld beginnt, eine eigenständige, auf seine ständige Vermehrung gerichtete ökonomische Bewegung zu vollführen, verdammt Martin Luther den Gebrauch von Geld als unnatürlich, schädlich, unmoralisch und teuflisch" (Theodor Strohm). Denn Geiz und Gier hindern daran, anderen Menschen zu dienen. Im Gegenteil: Man entzieht den Bedürftigen die Lebensgrundlage.

„Ein Geiziger kann nichts Besseres tun, als dass er stirbt"

Im Jahre 1539 regt Luther an, gegen Wucherer die Kirchenzucht zu verhängen. Er stellt rückblickend fest: „Also findet sich, dass der Wucher allezeit Herzeleid angerichtet hat und alle frommen löblichen Fürsten und Herren damit zu tun gehabt haben."

Luther sieht hier die Kirche gefordert: „Es sollen die Pfarrer das Volk lehren, dass sie Wucherer und Geizwänste ansehen als leibhaftige Teufel, sich vor ihnen bekreuzigen, wo man sie hört oder sieht, und denken lernen, dass Tataren und Heiden reine Engel sind im Vergleich zu einem Wucherer. Desgleichen sollen die Schulmeister die Knaben und die Jugend lehren, dass sie sich vor dem Namen Wucherer erschrecken und ausspucken wie vor dem schlimmsten Teufel." „Ein Geiziger kann nichts Besseres tun, als dass er stirbt. Im Leben ist er weder Gott noch andern Menschen, ja nicht einmal sich selbst etwas nütze. Er kann nichts anderes als gegen Gott, Menschen und auch gegen sich selbst sündigen." „Die Geizigen haben keinen Gewinn von ihrem Gelde. Sie schauen es nur immer an, und doch können sich ihre Augen nicht daran sattsehen."

„Der Wucherer sollte billig am Galgen hängen."

Luther greift die allgemeine Stimmung in der Bevölkerung auf, wenn er betont: „Denn wer einem anderen die Nahrung aussaugt, raubt und stiehlt, der tut ebenso großen Mord, so viel an ihm liegt, als der, der einen anderen Hungers sterben lässt und gründlich verdirbt. Solches aber tut ein Wucherer und sitzt derweilen auf einem Stuhl sicher, so er doch billig am Galgen hängen sollte und von so vielen Raben gefressen werden sollte, wie er Gulden gestohlen hat." Damals wurde vorgeschlagen, für

Wucherer die Todesstrafe zu verhängen. Das ließ sich jedoch politisch nicht durchsetzen, denn Wucherer saßen an den Schalthebeln von Wirtschaft und Politik. Viele waren von ihren Krediten abhängig, unter anderem der Kaiser und der Papst.

Luther wendet sich vehement gegen Kaufleute, „die aus dem öffentlichen Markt nichts andres als einen Schindanger und ein Räuberhaus machen, wo man täglich die Armen übervorteilt … Jeder missbraucht den Markt nach seinem Mutwillen und ist (auch noch) trotzig und stolz, als hätte er die Befugnis, das Seine so teuer herzugeben als es ihn gelüstet, und als dürfe ihm niemand dreinreden."

Kniffe der Kaufleute – Lug und Trug

Luther beklagt auch Lug und Trug beim Präsentieren der Waren. Davon hat ihm wohl seine Frau Katharina berichtet: „Man hat auch gelernt, eine Ware so zu behandeln, dass sie zunimmt oder schöner wird. So legt man Pfeffer, Ingwer oder Safran in feuchte Gewölbe, damit sie im Gewicht schwerer werden. Bei wollenen Kleidern, Seide, Marder- und Zobelpelzen benutzt man finstere Keller oder Marktbuden, um sie im Dunkeln anzubieten und Gerüche zu verhindern. Der Handelsbrauch ist so, dass man fast für jede Warensorte einen besonderen Kniff kennt, sei es mit Messen oder Zählen, mit Ellen, Maß oder Gewicht. Oder dass man der Ware eine Farbe verleiht, die sie von Natur aus nicht hat. Oder man legt das hübscheste unten und oben auf den Stapel, das schlechteste aber mitten hinein. So haben diese Betrügereien kein Maß, und kein Kaufmann darf einem anderen weiter trauen, als er ihn sieht."

Darüber hinaus wendet sich Luther auch gegen das Zurückhalten von Waren und das Aufbauen von Monopolen. „Die Ware wird aufgekauft, um den Preis willkürlich diktieren zu können." Er greift die allgemeine Stimmung dagegen auf: „Viel gräulicher ist es, wenn man eine Ware vollständig aufkauft, was das Kaiserliche und weltliche Recht verbietet und ‚Monopol' nennt … Fürsten und Herren sollten dies abwehren und bestrafen, wenn sie denn ihr Amt richtig ausführen wollen. Denn solche Kaufleute tun so, als wären alle Kreaturen und Güter Gottes allein für sie geschaffen und gegeben, so dass sie die Güter den anderen wegnehmen dürften und die Preise nach eigenem Gutdünken festsetzen."

Mäuseplage und Hungersnöte

Bereits kleine Ernteausfälle können in damaliger Zeit Hungersnöte auslösen. Außerdem gibt es in der Wittenberger Gegend 1538 eine große Mäuseplage. Das Mehl wird knapp, die Menschen leiden Hunger. Bei einer Tischrunde bekennt Lucas Cranach (der berühmte Maler, der damals Bürgermeister ist), der Magistrat sei machtlos, weil die Grundherren das Getreide zurückhalten. Deren Taktik sei es, bei größerer Not höhere Preise zu erzielen.

In dieser Lage hat sich Luther eigenhändig um Korn für die Not leidende Wittenberger Bevölkerung bemüht. Er stellt fest: „Adlige und Nichtadlige, Bürger und Bauern kaufen alles auf, horten es, verursachen eine Teuerung, steigern die Preise für Gerste, Korn und alles, was man haben muss. Wischen sich danach das Maul und sagen: Ja, was man haben muss, das muss man haben. Ich überlasse es den Leuten als Dienst. Ich hätte es ja auch behalten können. So wird Gott fein getäuscht und in die Irre geführt."

Luthers Vorschläge

Luther schlägt Wege vor, die aus christlicher Sicht zu verantworten sind und allen zugutekommen:

- Er hält nichts von einem unbedingten Zinsverbot. „Wer Geld verleiht, der verzichtet auf Vorteile, und ihm steht ein Ausgleich zu, der aber nicht beliebig hoch sein und sich auch nicht – wie wir heute sagen würden – allein nach den Gesetzen des Marktes richten darf" (Heinz Schilling). Man kann ja auch weniger nehmen: eventuell 4 bis 6 Prozent. Die Zinsnahme soll flexibel sein und sich den wirtschaftlichen Gegebenheiten des Zinsnehmers anpassen.
- Luther lehnt das kaufmännische Prinzip „des höchsten erzielbaren Preises und des höchsten erzielbaren Zinses" (Heinz Schilling) kompromisslos ab. Die Preisbildung muss *auch* das Interesse und die

Möglichkeiten des Käufers berücksichtigen. Der darf beim Handel nicht übervorteilt werden.

Luther erweist sich als Realist. Er setzt auf eine funktionierende Wirtschaft des Marktes. Doch nur dann, wenn diese an den göttlichen Geboten orientiert ist, dient sie dem Gemeinwohl. Deshalb fordert Luther die Rückkehr zu den Geboten des Evangeliums. Das wird die Wirtschaftsmoral verbessern und das Elend der vielen beseitigen. Luther will das Problem an der Wurzel fassen: Wirtschaftsmoral lässt sich nicht durch bloßen guten Willen, sondern durch Rückkehr zum Evangelium heilen. „Nur die Verchristlichung des Einzelnen wie der Gesellschaft insgesamt kann dem Grundübel eines skrupellosen Gewinnstrebens entgegenwirken“ (Heinz Schilling).

Literatur:

Hans-Jürgen Prien: *Luthers Wirtschaftsethik.* Göttingen 1992.

Martin Treu: Martin Luther und das Geld. Aus: *Luthers Schriften, Briefen und Tischreden,* Wittenberg 2010.

Christoph Morgner

Martin Luther und die Juden

„Das Judentum ist eine Pest, wie sie feindseliger und gehässiger gegenüber der Lehre Christi nicht zu finden ist." So urteilt Erasmus von Rotterdam, der führende Humanist des ausklingenden Mittelalters. Seine Aussage spiegelt die gesellschaftliche Stimmung wider, die damals gegenüber den Juden herrscht. Judenfeindschaft ist der Normalzustand. Aus den meisten Ländern Europas sind die Juden bereits vertrieben worden, aus England, Frankreich, Spanien, Portugal etc. Im Heiligen Römischen Reich Deutscher Nation, das sich aus mehr als 300 Fürstentümern zusammensetzt, leben da und dort Juden, die mal mehr oder mal weniger geduldet werden.

Die Judenfeindschaft ist allgegenwärtig. Juden werden als Fremdkörper empfunden, herrscht doch die Überzeugung, dass es „in einem christlichen Staat nur einen, den rechten Glauben geben dürfe" (Dorothea Wendebourg). Auch die Besonderheiten der Juden wie Kleidung, Sprache, Berufe etc. lösen Ängste aus. Ihr wirtschaftlicher Erfolg weckt Neid und Missgunst. Die eigenen Misserfolge oder unerklärliche Phänomene (Pest, Seuchen, Missernten) werden gern den Juden in die Schuhe geschoben. Sie dienen als Sündenböcke.

In diese Gemengelage hinein kommt Martin Luther zu stehen. Er hat wohl einzelne Juden gekannt, aber keine jüdischen Ansiedlungen. Was er zum Thema sagt, ist, wie oft bei seinen Aussagen, stark abhängig von der jeweiligen Situation bzw. von den Anfragen, auf die er reagiert. Aber das ist klar: Nirgendwo spielen bei ihm irgendwelche rassistischen Motive eine Rolle, wie das im Dritten Reich der Fall gewesen ist. Es gibt keine direkte Linie von ihm zu Auschwitz. Auch die strengen, uns sehr befremdenden Maßnahmen gegen die Juden, die er am Ende seines Lebens fordert, gehen nicht über das hinaus, was damals allgemein üblich war.

Luther sieht deutliche inhaltliche Unterscheidungsmerkmale zwischen Juden und Christen. Aber das Gebot der Nächstenliebe gilt auch gegenüber Juden. „Die Ablehnung von Gewalt gegen die Person von Juden hat Luther zeitlebens beibehalten, die Verbrennung von Menschen etwa – wie sie damals noch vielfach vorkam – stets verabscheut“ (Walter Bienert).

Die Juden – von Gott erwählt

Luther tritt im Jahr 1514 für die Freiheit von Forschung und Lehre ein. Er wendet sich gegen das Verbrennen jüdischer Bücher, denn „100fach schlimmer sind die Gotteslästerungen in der Christenheit“. Für Luther ist klar, dass die Juden nach wie vor von Gott erwählt sind. Deshalb haben Christen und Juden viel Grund, darüber Gott zu loben, nicht aber zum Streiten miteinander. Es gilt, das jüdische Volk in Ehren zu halten, es nicht zu verfolgen. Juden sollen mit Liebe und Geduld zum Glauben an Jesus Christus eingeladen werden

Dass sich Juden gegenüber dem christlichen Glauben widerständig verhalten, sieht Luther im Verhalten der Christen ihnen gegenüber begründet: „Wer, so frage ich, würde zu unserer Religion übertreten, … wenn er sich von uns so grausam und feindselig … behandelt sähe?“

„Dass Jesus ein geborener Jude sei“

So heißt die Schrift, die im Jahr 1523 zu einem literarischen Paukenschlag wird. Sie schlägt wie eine Bombe ein. Ihre Aussagen sind revolutionär. Die Juden „sind von dem Geblüt Christi; wir sind Schwäger und Fremdlinge, sie sind Blutsverwandte, Väter und Brüder unseres Herrn.“ Luther wendet sich gegen die Gräuelmärchen, die über Juden im Umlauf sind. Er kritisiert deren Gettoisierung und die Berufsverbote, die über sie verhängt sind. Freundlich und wertschätzend sollen Christen und Juden miteinander umgehen.

Hier zeigt sich Luther als Bahnbrecher für religiöse Toleranz. Er will Juden dienen und sie reizen, Christen zu werden. Die damals ihnen gegenüber geübte Gewalt hält er für verfehlt. Vielmehr sollen für Juden die bürgerlichen Berufe geöffnet werden, dann wären sie nicht mehr auf Geldgeschäfte und Wucher fixiert. Luther zielt auf die gesellschaftliche Integration der Juden, ohne deren Bekehrung vorauszusetzen. Er betrachtet es sogar als möglich, wenn zwischen Christen und Juden geheiratet wird.

„Will man ihnen helfen, so muss man … christlicher Liebe Gesetz an ihnen üben und sie freundlich annehmen, damit sie Ursache und Raum gewinnen, bei uns und um uns zu sein, unsere christliche Lehre und Leben zu hören und zu sehen. Obschon etliche halsstarrig sind, was liegt daran? Sind wir doch auch nicht alle gute Christen."

Luther kann verstehen, wenn Juden nicht Christen werden wollen. Er formuliert drastisch: „Unsere Narren, die Päpste, Bischöfe, scholastischen Theologen und Mönche, die groben Eselsköpfe, sind bisher so mit den Juden verfahren, dass, wer ein guter Christ gewesen ist, wohl ein Jude hätte werden mögen … Denn sie haben mit den Juden gehandelt, als wären es Hunde und nicht Menschen, haben nichts mehr kundgetan denn sie schelten und ihr Gut nehmen."

Luther ist überzeugt: Wenn die Christen ihre Haltung gegenüber den Juden verändern, dann werden Juden eine andere Haltung zum christlichen Glauben annehmen, zumindest einige von ihnen. Sie werden erkennen, dass ihr Messias nicht erst kommt, sondern bereits gekommen ist.

Vorbildliche Einstellung Luthers

„Die Einstellung des frühen Luthers zu den Juden war, vor allem für seine Zeit, geradezu vorbildlich. Er fand die Art widerlich, wie die Christen die Juden behandelten" (Eric Metaxas). Luthers Haltung war damals sensationell. Sie ist auch vor dem Hintergrund entstanden, dass die Reformation weitere Kreise zieht und das Evangelium immer mehr Menschen gewinnt. Das wird, so Luthers Hoffnung, an den Juden nicht spurlos vorübergehen.

Seine Schrift findet eine ungeheure Resonanz. Sie wird mehrfach nachgedruckt. Doch seine freundliche Einstellung zu den Juden hindert Luther nicht, deutliche theologische Grenzen zu ziehen. Er stellt fest, dass es die Juden ärgert, dass Jesus Gott sein soll. Sie sind verblendet, ungehorsam und verfallen damit – wie der Papst – dem Gericht Gottes. Aber Luther zweifelt nicht daran, dass es einen Rest gibt, der zum Glauben an Jesus findet. Leider wird er in seiner Erwartung meist getäuscht.

In der Folgezeit wird sich Luther mehr und mehr des Unterschieds zwischen der jüdischen und christlichen Auslegung des Alten Testaments bewusst. Für Luther ist klar: Das Alte lässt sich nur vom Neuen Testament her angemessen verstehen, weil es auf Jesus zuläuft. Insofern tappt die jüdische Auslegung im Dunkeln. Die Rabbinen „zerreißen und zermartern die Schrift in ihren Auslegungen, wie die unflätigen Säue einen Lustgarten zerwühlen und umkehren".

Martin Luther zeigt bis dahin eine freundliche Haltung gegenüber Juden, um sie für den Messias zu gewinnen. Immer wieder hebt er die Vorzüge des erwählten Volkes heraus. Aber, siehe Römerbrief, diese gelten vor Gott nichts, wenn die Juden sich nicht bekehren. Sie verwerfen durch die Ablehnung des Messias sich selbst. Zur Szene Jesus contra Barrabas (Matthäus 27,15 ff.) schreibt Luther: „Die Juden hätten eher den Teufel selbst losgebeten, ehe sie Gottes Sohn hätten los lassen sein. So geschieht es auch heute und immer." Daneben schreibt er in einer Auslegung zu Römer 11: „Den Juden wird das Leben nicht verweigert und die Tür der Gnade nicht geschlossen … Die Juden sind nicht völlig zu verwerfen."

„Von den Juden und ihren Lügen"

Im Jahr 1541 entsteht der Plan, noch einmal gegen die Juden zu schreiben. Die jüdische Schrift, auf die Luther reagiert, ist leider verschollen. Sie enthält offensichtlich böse Schmähungen Christi und der Jungfrau Maria. Luther fühlt sich in seinem Glauben tief verletzt. Deshalb entsteht Ende 1542 die Schrift: „Von den Juden und ihren Lügen." Die bisherige Gelassenheit Luthers ist dahin. Er sieht böse geschmäht, was ihm heilig ist.

Zunächst beschreibt er die Juden als Volk Gottes. Aber der sündige Mensch hat nichts, was er vor Gott positiv einbringen könnte. Auch die jüdische Beschneidung garantiert nicht das Heil. Ebenso nicht das ausgeprägte Befolgen des jüdischen Gesetzes. Hier sieht Luther eine unüberbrückbare Differenz zur biblischen Rechtfertigungslehre.

Dann wendet er sich gegen die Behauptung, Maria, „eine Hure", hätte während ihrer Menstruation „mit einem Schmied im Ehebruch" Jesus gezeugt. Maria wird als „Dreckshaufen" bezeichnet, Jesus als „Missgeburt". Luther ist geradezu außer sich und gibt im berühmt gewordenen 4. Teil Ratschläge, wie die Obrigkeit künftig mit Juden umgehen soll. Luther nimmt jetzt die Gräuelmärchen von Brunnenvergiftungen durch Juden und deren Ritualmorde von Kindern positiv auf. „Wir wollten gern Geschenke geben, dass wir sie loswerden." Er stellt die Juden als Faulpelze hin, während die Christen arbeiten müssen. Die Juden sind wie eine Krankheit, die man sich eingefangen hat.

Was tun? „Wir müssen mit Gebet und Gottesfurcht eine scharfe Barmherzigkeit üben." Dieser Begriff ist widersprüchlich und gefährlich, weil damit Gewaltanwendung gerechtfertigt werden kann. Luther konkretisiert das und unterbreitet der Obrigkeit folgende Vorschläge:

Die Synagogen sollen verbrannt und zerstört werden, weil in ihnen Jesus Christus gelästert wird.

Auch die Häuser der Juden sollen zerstört werden. Es reichen für sie Notunterkünfte wie für Zigeuner.

Talmud und Gebetbücher sollen eingezogen werden.

Der Wucher soll ihnen untersagt werden.

Das Vermögen an Geld und Edelmetall soll konfisziert werden, um damit getaufte Juden zu unterstützen.

Ihren Lebensunterhalt sollen sich die Juden durch eine Art Zwangsarbeit bei Christen verdienen.

Vertreibung – nicht Tötung

Es geht Luther um die Vertreibung, so wie in anderen Ländern, nicht jedoch um die Tötung der Juden. Nach wie vor lehnt er körperliche Gewalt gegen Juden ab. Mit seinem Maßnahmenkatalog steht er nicht allein. Auch der Humanist Erasmus von Rotterdam, der exzellente Hebräischkenner Johannes Reuchlin und der katholische Theologe Johann Eck stimmen zu. Christen sollen sich „vor den Juden hüten und sie meiden, allerdings ohne sie viel zu verfluchen oder ihnen persönlich Gewalt anzutun". Ihre Gebäude sollen zerstört werden, weil darin Christus gelästert wird. Dass Juden „nicht glauben wie wir, dafür können wir nichts, man kann niemanden zum Glauben zwingen ... Aber öffentlich frei daher, in Kirchen und vor unseren Nasen, Augen und Ohren solchen Unglauben für recht zu rühmen und den rechten Glauben zu lästern und zu fluchen, das ist etwas anderes. Da ist unser Zusehen und Stillschweigen ebenso viel, als täten wir es selbst."

Hoffnung bis zuletzt

Gegen Ende seines Lebens schwankt Luther. Einerseits sieht er für sie keine Hoffnung mehr. Andererseits schreibt er 1544: „Es gibt immer einige Juden, die gerettet werden."

Fazit: Luther „war keineswegs von blindem Hass auf die Juden und alles Jüdische erfüllt, sondern er meinte, im Kampf um die Wahrheit die evangelischen Territorien vor der Gefahr der Infiltration antichristlichen Geistes schützen zu müssen" (Hans-Martin Barth). Luther hat die inhaltlich und organisatorisch fragilen jungen evangelischen Gemeinden vor Augen, die er durch die Attacken der Juden gefährdet sieht. Luthers letzte Aussagen entsprechen weithin dem Geist der Zeit. Einige Unterschiede halten sich konstant durch:

Nach wie vor sind die Juden Gottes auserwähltes Volk.

Leider bauen die Juden – wie die Papisten – auf ihre Werkgerechtigkeit.

Weiterhin werden sich einzelne Juden bekehren. Es gibt immer noch Hoffnung.

Keine körperliche Gewalt oder gar Tötung.

Luther befürchtet, dass durch die Schmähungen der Juden und durch andere Einflüsse Christen an ihrem Glauben Schaden nehmen könnten. Er sieht sein Lebenswerk der Reformation in Gefahr. Nur so lässt sich seine Polemik verstehen.

Jürgen Werbick

Der gnädige Gott?

Martin Luther und wir Katholiken

An der Schwelle zur Neuzeit?

Luther ist uns Heutigen fremd und vertraut zugleich. Für Katholiken ist darin mit eingeschlossen die Freude über die Neuentdeckung eines spätmittelalterlichen Theologen, der uns in seiner authentisch-existenziellen Theologie so viel lebensnäher scheint als eine scholastische Theologie der unendlichen Unterscheidungen und Definitionsversuche. Eingeschlossen ist aber auch das Unbehagen über ein Gottesverhältnis, in dem Menschen sich in tiefer Ungewissheit darüber vorzufinden scheinen, ob Gott ihnen tatsächlich gnädig ist oder sie nicht doch zur ewigen Verdammnis bestimmt hat.

Die Neuzeit scheint ja eher gekennzeichnet von der tief verunsichernden Frage danach, ob Gott überhaupt ist. Wenn er ist, so ist er sicherlich ein gnädiger Gott. Das scheint nun die Frage nicht mehr zu sein. Der Aufklärungs-Fürst *Voltaire* soll auf seinem Totenbett den Ruf nach einem Priester mit der leicht ironischen Sentenz unterbunden haben: „Dieu me pardonnera. C'est son métier. (Gott wird mir verzeihen. Das ist ja schließlich sein Handwerk.)"

Luther, der spätmittelalterliche, sich von der Gottesangst in die Heilsgewissheit durch den Glauben an einen gnädigen Gott allein rettende Mensch, der sich nicht mehr mit der zweifelhaft gewordenen sakramentalen Heilsverbürgung durch eine korrupte Kirche zufriedengeben kann? Der Gewissheitsbedarf ist offenkundig enorm gestiegen. Da kann man sich nicht mehr an eine zweifelhaft gewordene kirchliche Autorität wenden. Aber man darf sich an das Wort halten, das Gott selbst gegeben hat, sein *testamentum*. Da ist Luther der Mensch am Übergang zur Neuzeit, der Mensch, der menschlich-allzumenschlichen – auch kirchlichen – Vergewisserungsstrategien nicht mehr trauen kann. Und da ist er auch uns Katholiken des beginnenden 21. Jahrhunderts ganz nah. Aber was ist das für ein Gott, demgegenüber und durch den man Gewissheit erlangen kann – wenn man glaubt?

Die Ungewissheit – des Sünders

Es ist ein Gott, vor dem der Mensch Sünder ist, in einer völlig aussichtslosen Position. Hier erscheint uns Katholiken Luther besonders fremd. Und doch steht er in der Tradition einer Erbsündenlehre, die er mit Augustinus nur radikalisiert.

Der Mensch hat immer schon alle Möglichkeiten verloren, Gott gegenüber etwas zu tun dafür, dass dieser ihm gnädig ist. Das ist zwar nur die „dunkle" Kehrseite dessen, dass er das auch gar nicht versuchen muss, weil Gott ihm von sich aus gnädig sein will. Aber nichts dafür tun können, das widerspricht der aufkeimenden Selbstgewissheit der Neuzeit diametral. Hier ist Vergewisserung in allen Lebensbereichen das Werk des freien Menschen, der *sich selbst bestimmt* und deshalb bzw. darin seiner gewiss wird.

Von dieser Selbstgewissheit zu lassen und alle Gewissheit in Gott zu suchen, das ist Luthers große Herausforderung. Gott allein ist der Herr des Verfahrens. Der Mensch scheint ihm radikal ausgeliefert; und er liefert sich ihm aus, wenn und indem er glaubt – bis dahin eben, dass er alle seine Selbstbestimmungsillusionen fahren lässt und sich allein von Gott bestimmen lässt.

In „De servo arbitrio" (Vom freien Willen) lesen wir davon, wie der menschliche Wille sich machtlos den eigentlichen Akteuren ausgeliefert erfährt, ausgeliefert sein lassen muss:

„So ist der menschliche Wille in die Mitte gestellt (zwischen Gott und den Satan) wie ein Zugtier. Wenn Gott sich darauf gesetzt hat, will er und geht, wohin Gott will … Wenn der Satan sich darauf gesetzt hat, will und geht er, wohin Satan will. Und es steht nicht in seiner freien Entscheidung, zu einem von beiden Reitern zu laufen oder ihn sich zu verschaffen zu suchen, sondern die Reiter selbst kämpfen miteinander, ihn zu erlangen und zu besitzen."[1]

Glaube aber bedeutet: aus dem „Geschirr" des Teufels befreit zu sein, von Gott „besessen" und als sein Eigentum gerettet zu sein.

Selbst-Unverfügbarkeit

Wenn man sich vom ersten Schrecken erholt hat, kann man sich auch als katholischer Christ genauer hineindenken, darin einfühlen, nicht nur welche schwierigen theologischen Konzepte, sondern auch welche Erfahrungen hier zum Zuge kommen: dass Menschen sich im Letzten unverfügbar sind. Es ist eine Abstraktion vom Leben selbst, anzunehmen, dass wir im Entscheidenden aus uns selbst handeln, in diesem Sinne ohne durch ein Äußeres bestimmt zu werden, frei handeln und uns entscheiden könnten. Wir verfügen nicht *frei* darüber, was uns Perspektive, Hoffnung, Motivation gibt: Leben ins Leben bringt. Es ist uns genommen durch Angst, Selbstentwertung, Freudlosigkeit, mangelnde Erfahrung eines Guten, die uns die Freude am Guten geben könnte. In uns sind die Neigungen, die uns bestimmen, ehe wir sie bestimmen könnten. Und wir können sie oft nicht „unter Kontrolle" bekommen. Man denke positiv an die Zuneigung der Liebe, die sich nur sehr begrenzt herstellen lässt.

Im Negativen: Wir sind uns durch die Sünde selbst unverfügbar geworden. Sie ist uns innerlicher geworden, als wir uns selbst innerlich sein könnten. Aber Gott sei Dank im Positiven: Auch und gerade Gott wird uns innerlicher, als wir uns selbst innerlich sein können, durch seinen guten Geist, der uns den guten Willen „einbläst", sodass der Mensch „fort(fährt) das Gute zu wollen, gern zu haben und zu lieben, so wie er vorher das Böse wollte, gern hatte und liebte".[2] Wer in der Hand des Bösen ist, wird nicht frei zum Guten, „wenn er (der Böse) nicht durch

1 Luther deutsch. Die Werke Martin Luthers in neuer Auswahl für die Gegenwart, hrsg. von K. Aland, Bd. 3 Stuttgart – Göttingen ^{3}1961, 196.

2 ebd., 195

die göttliche Kraft des Geistes zum Weichen gebracht ist"[3], und mit dem neuen Geist ein Wollen lebendig wird, das vom Guten angezogen wird.

Gottesgabe

Der moderne Selbstbestimmungsgedanke verdeckt, wie abhängig wir auch in unseren „Selbst"-Vollzügen von Ressourcen sind: von Ressourcen der Gutwilligkeit, von Motivations- und Hoffnungs-Ressourcen. Sie werden uns geschenkt und wir haben sie zu hüten. Es wird uns – um es an Luthers Großen Katechismus anzulehnen – geschenkt, dass Gott sich uns so darbietet: dass wir unser Herz an ihn hängen können; dass wir den wahren Gott (an)erkennen und die Götzen hinter uns lassen können, unser Herz und unser Fühlen nicht mehr an sie hängen und von ihnen dominieren lassen.

In den zitierten Passagen des Großen Katechismus zum ersten Gebot ist deutlich ausgesprochen: Nur wer die Sünde als Selbstverfehlung in der Dimension der Selbst-Unverfügbarkeit, Selbst-Entzogenheit zur Sprache bringt, dürfte unter den Denkbedingungen einer von menschlicher Selbstbestimmung faszinierten und herausgeforderten Neuzeit noch von Erbsünde sprechen. Dann gilt auch: Die Gnade des gnädigen Gottes ereignet sich in dieser Tiefendimension der Selbst-Unverfügbarkeit, die aller freien Selbstbestimmung zuvorkommt, sie erst eröffnet. Sie ereignet sich als die Befreiung des Herzens von der Herrschaft der falschen Götter, von der Herrschaft eines falschen Wofür meines Lebens und Trachtens. In lebenslanger Buße kommt der Gerechtfertigte den falschen Göttern auf die Spur. Er kommt ihnen immer wieder neu und kommt immer wieder neuen Göttern auf die Spur, gerade wenn er sie durch seine Frömmigkeit besiegt zu haben meint. Sie sind ihm immer noch innerlicher, entziehen sich immer noch und immer neu einer Bußpraxis, welche den Gerechtfertigten in der Hingabe an den wahren Gott und an den Nächsten zum Herrn seiner selbst machen soll.

Nur wenn Gott im Herzen des Menschen Wohnung genommen hat

---

3 ebd., 332

und sein Herz in Gott „ruht“, von ihm alles Gute erwartet und bei ihm allein seine Zuflucht sucht, können die falschen Götter entlarvt werden, wird der Mensch umkehrbereit und umkehrfähig: fähig, seinen falschen Hörigkeiten auf die Spur zu kommen; bereit, sich von ihnen abzuwenden um des wahren Gottes und der Lebensfülle willen, die in ihm zugänglich wird. Nur wenn der Mensch im Glauben „weiß“, wohin mit sich, wird ihm wahrnehmbar, woher er bisher lebte, gelebt wurde, und woher ihm jetzt die Möglichkeit zukommt, an einem Leben in Fülle Anteil zu gewinnen.

Wenn Gott den Menschen im Glauben so innerlich geworden ist und sie aus Gottes Wesen leben, wird dieses Wesen – die Liebe – in ihnen zu der Quelle, aus der ihnen das Leben in Fülle zuströmt. Aus dieser geistlichen Quelle zu leben heißt, von ihr genährt und erquickt zu werden. Der Heilige Geist gibt die „Lust … freier Liebe ins Herz“ (aus der Römerbriefvorlesung von 1522); aus ihrem „Herzensgrund“ wirken die Glaubenden Gottes Liebe in der Welt, wirken sie, worin sie ganz sie selbst sein können (in *wholeheartedness*, wie Harry Frankfurt sagte), weil sie ganz aus Gott sind.

Nirgends ist Luther der großen gemeinchristlichen Mystik des Mittelalters näher als in diesem Gedanken. Dass er mit seiner gnadentheologischen Verinnerlichung bis ins Innerste, Vorwillentliche des Menschen dem antipelagianischen Augustinus nahe ist und ihn an der Schwelle zu einer „neuen Zeit“ reformuliert, steht ebenfalls außer Frage. Und wir Katholiken dürfen ihm dafür am Beginn des 21. Jahrhunderts in kritischer Dankbarkeit verbunden sein.

Dr. Jürgen Werbick, Prof. für Katholische Theologie an der Universität Münster, wohnt in Nottuln.

Thomas Kuhlgatz

Luther und seine Krankheiten

„Hier stehe ich, ich kann nicht anders, Gott helfe mir. Amen." Dieser Luther zugeschriebene Satz klingt nach ausdauernder Stärke, nach einem unbeugsamen Intellekt und dem unbeirrbaren Gottvertrauen eines kerngesunden, urwüchsigen und kraftstrotzenden Mannes. Gegen dieses Bild spricht jedoch eine lange Liste von Krankheiten, die Luther häufig und heftig plagten: Magen- und Gallenbeschwerden, Verstopfungen, Harnstau, Nierenkoliken, Herzschmerzen, hoher Blutdruck, Ohrensausen, Mittelohrentzündungen, Gicht, Angina, schwere Kopfschmerzen, Ohnmachtsanfälle, Schwermut und Halluzinationen. Dass er insbesondere in den späteren Jahren auch durch diese Krankheiten und durch eine abnehmende psychische Belastbarkeit geprägt wurde, nimmt etwas von seinem vermeintlich unerschütterlichen Nimbus, lässt aber andererseits auch manche Ereignisse in einem anderen Licht erscheinen.

Jener legendäre Satz galt lange als fulminanter Schlusspunkt von Luthers Verteidigungsrede auf dem Reichstag zu Worms. Dort gab Luther allerdings am 17. April 1521 allerhand Anlass zu Spekulationen, weil er, als er aufgefordert wurde zu widerrufen, stattdessen überraschenderweise um Bedenkzeit bat. Jedoch hätte Luther die Verteidigung seiner neuen Lehre kräftemäßig wohl nicht durchgestanden, da er erst tags zuvor nach einer langen, kräftezehrenden und von Krankheiten überschatteten Anreise angekommen und sehr erschöpft war. Innerhalb eines Tages hatte sich sein Gesundheitszustand so weit verbessert, dass er am 18. April 1521 wieder fest und sicher vor dem Kaiser auftreten und seine neue Lehre standhaft verteidigen konnte.

Luthers Gesundheitszustand ist ein reichhaltiges Thema – insbesondere in seinen eigenen Briefen und Tischreden, aber auch in den Briefen seiner Weggefährten. Daraus lässt sich erkennen, dass Luther häufig an schmerzhaften und lang anhaltenden Krankheiten litt, die ihn so manches Mal an den Rand des Todes brachten. Zeitweise beeinträchtigten sie seine Schaffenskraft sehr stark oder brachten sie sogar völlig zum Erliegen. Luther selbst schrieb von seiner Zeit auf der Veste Coburg, er habe dort nur die Hälfte von dem geschafft, was er in gesundem Zustand gewollt und vermocht hätte. Wieviel mehr noch an Schriften, Predigten, Briefen, Büchern, Disputen, Reisen und Taten hätte Luther uns wohl hinterlassen, wenn er wirklich der kerngesunde, urwüchsige und kraftstrotzende Mann gewesen wäre, als der er gemeinhin angesehen wird?!

Luthers extremer Lebenswandel und Lebensbedingungen schadeten seiner Gesundheit sehr. Da ist einerseits seine über das Maß hinausgehende Askese als Mönch zu nennen, andererseits seine üppigen Mahlzeiten und Bewegungsarmut als Junker Jörg auf der Wartburg (Mai 1521 bis Februar 1522) sowie die Aufenthalte auf der Veste Coburg (April bis Oktober 1530) während des Augsburger Reichstags. Hinzu kommen seine physischen und psychischen Belastungen, denen er als Geächteter und Reformator ausgesetzt war. Gerade die lang andauernden und schmerzhaften Krankheiten waren eine schwere Belastung für Luthers Gemütszustand. Sie bildeten in späterer Zeit zusammen mit seinem Beharren auf der gewonnenen theologischen Wahrheit und der Unzufriedenheit über den Verlauf der Reformation ein unheilvolles Gemisch. Sein Ton wurde scharf und unverhältnismäßig, sein Gebaren grob und unbeherrscht, der Umgang mit ihm schwer erträglich. In Zeiten, in denen es ihm gesundheitlich besser ging, war er merklich milder und kompromissbereiter.

Das Marburger Religionsgespräch, das vom 1. bis 4. Oktober 1529 durch die Initiative Philipps von Hessen zustande kam und eine Einigung zwischen Luther und Zwingli im Abendmahlsstreit erreichen sollte, fand in dieser Hinsicht unter ungünstigen Bedingungen statt. Luther musste zur Teilnahme gedrängt werden. Da er erschöpft und krank war und bereits

1527 das Thema als abgeschlossen ansah, war er am gesamten Gespräch völlig desinteressiert. Die Gespräche konnten so nur scheitern und verfestigten damit die Spaltung in eine lutherische und reformierte Kirche. Aufgrund der theologischen Differenzen war diese zu der Zeit vielleicht unvermeidbar. Sie wurde aufgrund des schlechten Gesundheitszustandes von Luther aber auch nicht ernsthaft hinterfragt.

Martin Bucer war nach dem Scheitern der Marburger Gespräche weiterhin um eine Einigung bemüht. Aber erst 1536 wurde eine Annäherung der lutherischen und reformierten Positionen mit der Wittenberger Konkordie erreicht. Der Entstehungsprozess zog sich so lange hin – bedingt durch Luthers Krankheiten und sein damit verbundenes wechselhaftes Wohlwollen. 1530 stand Luther einem politischen Bündnis mit unterschiedlichen theologischen Auffassungen offen gegenüber, 1532 wollte er nach einem schweren Angina-Pectoris-Anfall von einer Einigung nichts mehr wissen. 1533 folgten in der Schrift „Von der Winkelmesse und Pfaffenweihe“ schwerste provozierende Ausfälle gegen die schweizerischen Reformatoren, nachdem er im Herbst seinen ersten Gichtanfall erlitt. Die Jahre 1534 und 1535 verliefen für Luther gesundheitlich besser und sogleich zeigte er sich wieder gesprächsbereiter und aufgeschlossener.

Schließlich wurden für das Frühjahr 1536 Gespräche anberaumt, die aber aufgrund einer erneuten Nierenkolik auf den 21. Mai vertagt wurden. Da Luther bis in den Juni hinein von Nierensteinen geplagt wurde, verlegte man den Verhandlungsort nach Wittenberg. Die erste Sitzung wurde vorzeitig abgebrochen. Mit den andauernden Schmerzen wich zugleich sein Entgegenkommen. Dass es doch noch zu einer Einigung kam, lag einerseits an dem diplomatischen Geschick Martin Bucers; andererseits wurde zunehmend Philipp Melanchthon als Gesprächspartner gesucht.

Martin Luther verlor mit zunehmenden Alter an Einfluss, weil er mehr und mehr wegen seiner Unbeherrschtheit, Derbheit und Zornesausbrüche gemieden wurde. Das Roemheld-Syndrom (nach dem deutschen Internisten Ludwig Roemheld [1871–1938] benannte Erkrankung mit Herzbeschwerden und Magenschmerzen, Übelkeit), die Menièresche Krankheit (nach dem französischen Internisten Prosper Menière [1799 – 1862] benannte Erkrankung des Innenohrs mit anfallsweisem Drehschwindel, einseitigen Ohrgeräuschen und einseitiger Schwerhörigkeit), Gicht, Nieren- und Blasensteine, allesamt schmerzhafte und langwierige Krankheiten, haben sich in Luthers Psyche niedergeschlagen. Am 18. Februar 1546, vermutlich nach einem Herzinfarkt, „konnte niemand merken etwas Unruhe, Qualen des Leibes oder Schmerzen des Todes, sondern er entschlief friedlich und sanft im Herrn, wie Simeon singet" (bei Klein, 197).

Im gleichen Maße, wie Luther gegen die Obrigkeit opponierte, lehnte er sich auch gegen die Krankheiten auf. Zwar haben die Krankheiten Inhalt und Form seiner Schriften sowie sein öffentliches Auftreten beeinflusst und seine Schaffenskraft gemindert, seine reformatorische Theologie blieb davon aber unerschüttert. Die Krankheiten selbst sah er ganz im Lichte der Rechtfertigungslehre. Wenn er schon Gott mit den Krankheiten in Verbindung brachte, dann sah er sie eher an als Bestätigung seiner Theologie, als Herausforderung des Glaubens oder als Notwendigkeit, in diesem Leben das Kreuz zu tragen, nicht aber als Strafe Gottes.

Luther wusste sehr wohl, dass sein asketisches Leben im Kloster, aber auch seine späteren Tischgelage seiner Gesundheit sehr geschadet haben. Das hat ihn aber nicht daran gehindert, Krankheiten als Angriffe des Teufels zu sehen, um ihn von seinem Werk abzuhalten und in seiner Erkenntnis zu erschüttern. Doch er war erfüllt von einer ausdauernden Stärke, einem unbeugsamen Intellekt und einem unbeirrbaren Gottvertrauen. Luther steht als eine bedeutende Persönlichkeit an einem Wendepunkt der Geschichte, er konnte nicht anders, Gott half ihm dabei. Das ist gewisslich wahr.

Literatur:

Tim Klein (Hrsg.): *Luther. Deutsche Briefe, Schriften, Lieder, Tischreden.* München-Ebenhausen-Leipzig 1917.

Hans-Joachim Neumann: *Luthers Leiden. Die Krankheitsgeschichte des Reformators.* Berlin 1995.

Thomas Kuhlgatz ist Diplomtheologe und Prädikant und lebt in Neustadt-Bordenau.

Horst Hirschler

Luther und die Politik

Nur wenn die Ereignisse ihn zwingen, schreibt Martin Luther zu solchen Themen.

Seit Anfang Mai 1521 sitzt er auf der Wartburg bei Eisenach in Sicherheit. Keiner darf das wissen. Sein kühnes Auftreten beim Reichstag zu Worms im April hat Kaiser Karl V. mit der Reichsacht „belohnt". Nun kann ihn jeder totschlagen. Als er Anfang Mai plötzlich verschwunden ist, denken sie alle, es hätte ihn erwischt. Dann aber schreibt der Totgeglaubte weiterhin Briefe und Bücher. Allein durch seine Schrift „Von den Mönchsgelübden" leeren sich die Klöster.

In Wittenberg gibt es im Januar 1522 überstürzte reformerische Unruhen. Luther sitzt derweil auf seiner Wartburg und übersetzt in einem wahren Arbeitsrausch in gut sechs Wochen das Neue Testament in seine einmalige Sprache. Im März kehrt er gegen den Willen des Kurfürsten, der ihn doch schützen will, nach Wittenberg zurück und stellt mit seinen Invokavit-Predigten in acht Tagen Vernunft und Ordnung wieder her.

Im September 1522 liegt sein geniales Neues Testament gedruckt vor. Zwei Kälber kostet es. Ein Renner. Alle Welt will es haben.

Da kommt die Nachricht, dass Herzog Georg, zuständig für das Dresdener Sachsen, Kurfürst Joachim I. von Brandenburg und die bayrischen Fürsten Luthers Übersetzung verboten haben und die Untertanen zu zwingen versuchen, dies „Ketzerwerk" abzuliefern. Darf die Obrigkeit Bibellesen verbieten?

Luther schreibt empört: Die Untertanen sollen „nicht ein Blättlein, nicht einen Buchstaben abgeben, bei Verlust ihrer Seligkeit. Denn wer es tut, gibt Christus dem Herodes in die Hände. Denn sie handeln wie Christusmörder."

Er macht sich keine Illusionen über die Obrigkeit. In der Mehrzahl sind sie egoistische Bösewichte. Er muss nun doch grundsätzlich etwas dazu schreiben. Schon Anfang 1523 erscheint sein Büchlein: „Von weltlicher Obrigkeit, wieweit man ihr Gehorsam schuldig sei."

„Gott der Allmächtige hat unsere Fürsten toll gemacht, dass sie meinen, sie könnten ihren Untertanen tun und gebieten, was sie nur wollen ..." Damit setzen sie sich „auf Gottes Stuhl, wollen die Gewissen und den Glauben beherrschen und nach ihrem tollen Gehirn den Heiligen Geist zur Schule zu führen ... Weil denn solcher Narren Wüten ausreicht zur Vertilgung christlichen Glaubens, zur Verleugnung göttlichen Wortes, ... muss ich ihnen wenigstens mit Worten widerstehen."

Luthers leitende Frage lautet: Wie bewahrt Gott die Welt vor dem Chaos? Wie sorgt er dafür, dass nicht jeder jeden umbringt? Seine Antwort:

Gott hat zwei Regierweisen (Regimente), um die Welt vor dem Chaos zu bewahren.

Die erste ist Gottes Regierweise zur Rechten. Das ist die Verkündigung des Evangeliums. Die macht Menschen zu Christen. „Siehe, diese Leute bedürfen keines weltlichen Rechts noch des Schwertes (der äußeren Polizeigewalt, der Radarfalle). Wenn alle Welt rechte Christen, rechte Gläubige wären, so wäre kein Fürst, König, Herr, Schwert noch Recht notwendig ... Der Gerechte tut von sich aus alles und mehr, als alle Rechte fordern."

Da jedoch nur „wenige glauben und nur der kleinere Teil sich nach christlicher Art hält", hat Gott noch eine zweite Regierweise in die Welt gegeben. Das ist Gottes Regierweise zur Linken, das weltliche Regiment. „Denn wenn das nicht wäre, zumal ... unter Tausenden kaum ein rechter Christ ist, würde eins das andere fressen ..."

Darum hat Gott zwei Regimente (Regierweisen) verordnet: „Das geistliche, welches Christen und fromme Leute macht durch den Heiligen Geist, unter Christus, und das weltliche Regiment, das den ... Bösen wehrt, dass sie äußerlich Frieden halten und still sein müssen, ob sie wollen oder nicht."

Könnte man die Welt nicht besser mit dem Evangelium regieren und alles weltliche Recht und Schwert aufheben? „Lieber, rate, was würde der machen? Der würde den wilden und bösen Tieren die Ketten auflösen, dass sie jedermann zerrissen und zerbissen und daneben vorgeben, sie wären feine, zahme, zutrauliche Tierlein. Ich würde es aber an meinen Wunden wohl fühlen …

Darum muss man die beiden Regierweisen Gottes (Regimente) sorgfältig voneinander unterscheiden und beide bleiben lassen: eins, das fromm macht, das andere, das äußerlich Frieden schafft und bösen Werken wehrt. Keines ist ohne das andere genug in der Welt." Denn wenn nur das weltliche Regiment durch Macht und Gesetz reagiert, wird alles Heuchelei. Und wenn nur das geistliche Regiment über Land und Leute regiert, wird aller Bosheit freier Raum gegeben.

Darf denn nun ein Christ das weltliche Schwert führen und die Bösen strafen? Darf er Aufgaben der Obrigkeit übernehmen? Luther meint: Wenn du als Christenmensch sähest, „dass es am Henker, Büttel (Polizisten), Richter, Herren oder Fürsten (!) mangelte, und du dich geeignet dazu fändest, solltest du dich zu solchem Dienst erbieten und dich darum bewerben, damit ja die notwendige Gewalt nicht verachtet und matt würde oder unterginge." Denn die Welt kann nicht ohne sie auskommen. Christenmenschen sollen also weltliche Ämter entschlossen übernehmen. (Henker brauchen wir, Gott sei Dank, nicht mehr.) „Du tust das (dann) ja nicht, um dir oder deinem eigenen Gut und Ehre zu nützen, sondern du tust es nur deinem Nächsten zugut und zur Erhaltung des Schutzes und Friedens der anderen."

Eine besondere Frage schneidet Luther an: „Könnte ich denn nicht für mich selbst und für meine Sache das Schwert (die Macht der weltlichen Obrigkeit) gebrauchen in der Absicht, dass ich damit nicht das Meine suche, sondern dass (nur) das Übel gestraft würde? Antwort: Solches Wunder (!) ist nicht unmöglich, aber gar selten und gefährlich … Wenn die Vernunft auch so tun will, als wolle sie nicht das Ihre suchen. Aber es wird von Grund auf falsch sein …" Also klare Absage!

„Wenn nun dein Fürst oder weltlicher Herr Dir gebietet, es mit dem Papst zu halten, so oder so zu glauben, oder dir gebietet, Bücher (Luthers Neues Testament) abzugeben, sollst du sagen: Es gebührt Luzifer nicht, neben Gott zu sitzen. Lieber Herr, ich bin euch schuldig zu gehorchen mit Leib und Gut … Befehlt ihr mir aber zu glauben und Bücher abzugeben, so will ich nicht gehorchen. Denn da seid ihr ein Tyrann und greift zu hoch, gebietet, obwohl ihr weder Recht noch Macht habt. Nimmt er dir darüber dein Gut und straft solchen Ungehorsam: Selig bist du und danke Gott, dass du würdig bist, um göttlichen Worts willen zu leiden. Lass ihn nur toben, den Narren, er wird seinen Richter wohl finden. Denn ich sage dir, wenn du ihm nicht widersprichst und ihm Raum gibst, dass er dir den Glauben oder die Bücher nimmt, so hast du wahrlich Gott verleugnet."

Die Lehre Luthers von den beiden Regierweisen Gottes ist nach wie vor spitzenmäßig gut. Der wesentliche Satz lautet: Keine der beiden Regierweisen Gottes ist ohne die andere genug auf der Welt. Der Staat braucht die Christen und andere vernünftige Menschen für die innere Bejahung eines angstfreien, menschenfreundlichen Miteinanders. Deshalb muss er ein Interesse daran haben, dass die Kirche und vergleichbare Institutionen diese Rolle auch wahrnehmen können. Die Kirche aber muss ihrerseits ein lebendiges Interesse daran haben, dass der Staat die ihm von Gott gegebene oder als absolute Forderung begriffene Aufgabe auch ordentlich und energisch wahrnimmt, damit Freiheit, Gerechtigkeit und Mitmenschlichkeit nicht verloren gehen.

Der spätere Bundesverfassungsrichter E.-W. Böckenförde hat im Jahr 1967 formuliert:

Der freiheitliche, säkularisierte Staat lebt von Voraussetzungen, die er selbst nicht garantieren kann. … Als freiheitlicher Staat kann er … nur bestehen, wenn sich die Freiheit … von innen her, aus der moralischen Substanz des Einzelnen und der Homogenität der Gesellschaft, reguliert. Anderseits kann er diese inneren Regulierungskräfte nicht … mit den Mitteln des Rechtszwanges und autoritativen Gebots zu garantieren versuchen, ohne seine Freiheitlichkeit aufzugeben … So wäre … zu fragen, ob nicht auch der säkularisierte, weltliche Staat letztlich aus inneren Antrieben und Bindungskräften leben muss, die der religiöse Glaube seinen Bürgern vermittelt."

Das Großartige an Luthers Zwei-Regierweisen-Lehre ist, dass Staat und Kirche frei und aufeinander bezogen sind. Es gibt keine klerikale Bevormundung des Staates. Es gibt keine staatliche Bevormundung der Kirche. Aber beide sind Partner, die sich um der Menschen willen gegenseitig unbedingt brauchen.

D. Horst Hirschler ist Landesbischof i.R. und Abt zu Loccum.

Hans-Dieter Frauer/Christoph Morgner

„Ich habe von Martin Luther das Evangelium gelernt“

Philipp Melanchthon – der Lehrer Deutschlands

Er war nur etwa 1,50 Meter groß, von schmächtiger Gestalt und labiler Gesundheit. Er litt unter Schlaflosigkeit und war auf Schonkost angewiesen. Er hatte eine leise Stimme und kämpfte zeitlebens gegen einen leichten Sprachfehler. Philipp Melanchthon brachte nun wirklich keine äußeren Voraussetzungen dafür mit, die Bildungsgeschichte Deutschlands für Jahrhunderte zu prägen und die Reformation Martin Luthers im Wortsinn „sprach-fähig“ zu machen. Er ist der große Theoretiker der Reformation. Der Universalgelehrte wirkte als Religionsvermittler und Bildungspolitiker. Seine Schriften füllen 28 Bände des Corpus Reformatorum.

Mit dem vierzehn Jahre älteren Freund und Mitstreiter Martin Luther bildete er ein kongeniales Duo, eine Doppelspitze der religiösen Erneuerung. Die beiden ergänzten sich mit ihren gegensätzlichen Charakteren: Luther besaß Mut und Charisma, Melanchthon eine gewandte Rhetorik und ein breites Wissen. Luther war groß und polternd, einer, hinter dem man sich scharen konnte; Melanchthon dagegen klein und zurückhaltend, der perfekte zweite Mann. Er war es, der Luther bei der Bibelübersetzung half, den Text sprachlich exakt wiederzugeben.

Im Vorwort zu Melanchthons Kolosserbrief-Kommentar liefert Luther selbst das Psychogramm ihres Verhältnisses: „Ich muss die Klötze und Stämme ausrotten, Dornen und Hecken weghauen und bin der grobe Waldrechter, der die Bahn brechen und zurichten muss. Aber Meister Philippus fahret säuberlich und stille daher, bauet und pflanzet, säet und begeußt mit Lust, nachdem Gott ihm gegeben seine Gaben reichlich.“

Philipp Melanchthon hieß ursprünglich Philipp Schwarzerdt. Er wurde am 16. Februar 1497 im damals kurpfälzischen Bretten als Sohn eines Waffenschmieds geboren. Schon früh fiel seine ungewöhnliche Sprachbegabung auf: Bereits als Kind unterhielt er sich in Latein mit durchfahrenden Scholaren. Nach dem Tod von Vater und Großvater im Jahr 1508 kam der nun Elfjährige nach Pforzheim, wo er – was damals unüblich war – auch Griechisch erlernte und in dieser Sprache ebenfalls brillierte. Am 15. März 1509 verlieh der Humanist Johannes Reuchlin seinem Großneffen den aus seinem Namen Schwarzerdt gräzisierten Namen Melanchthon: eine ausgesprochen seltene Ehrung für Hochbegabte.

Mit zwölf Jahren wechselte der vielversprechende Jungstar an die Universität Heidelberg – hier entstanden erste lateinische Gedichte. Weil ihn seine Hochschule als zu jung für den Magistergrad erklärte, wechselte er nach Tübingen, erwarb dort den Magistertitel und hielt Vorlesungen über Vergil, Cicero und Livius. Der begabte Altphilologe wurde rasch über die Grenzen der Universität hinaus bekannt. Im Jahre 1518 wurde dem Einundzwanzigjährigen ein neu gestifteter Lehrstuhl für Griechisch an der 1502 gegründeten Universität Wittenberg übertragen.

Über den Vorlesungsbetrieb an der Universität hinaus verfasste Melanchthon Schriften und Lehrbücher über alle möglichen Disziplinen: griechische und lateinische Grammatik, Rhetorik, Logik, Anthropologie, Physik, Medizin, Pädagogik, Ethik, Geschichte und Geografie. Er las über antike Autoren, erklärte biblische Bücher und verband dies mit Wissensbildung auf zahlreichen Gebieten. Dazu überarbeitete er mehrfach sein Werk über zentrale Begriffe der reformatorischen Glaubenslehre, „Loci theologici". Melanchthon war ein überaus beliebter Universitätslehrer. Oft hatte er bis zu 400 Zuhörer, die vor allem seine präzise Sprache, die Fülle an Beispielen und die klare Gliederung seiner Ausführungen schätzten.

Im Universitätsbetrieb kam es zu ersten Begegnungen mit Martin Luther. Beide waren voneinander fasziniert. Sie wuchsen sich im Laufe der Jahre gegenseitig ans Herz und pflegten eine lebenslange Freundschaft. Das Zusammenspiel beider erwies sich als Glücksfall für die neue Universität. An Sprachkenntnissen übertraf Melanchthon seinen Freund weit – und der erkannte das auch neidlos an.

Wissensvermittlung allein war aber nicht Melanchthons Anliegen. Schon im August 1518 forderte er in seiner begeistert aufgenommenen Antrittsvorlesung „Über die Verbesserung des Studiums der Jugend" das gründliche Studium der Bibel und der antiken Quellen und eine genaue Textexegese. Erkenntnisse aus Geschichte, Grammatik und Naturwissenschaften sollten in die Vorlesungen einfließen, neue Lehrmethoden scholastischen Tand ersetzen. Außerdem sollten die eigenen Argumente schlüssig vorgetragen werden. Es gelte, die Wissenschaften allmählich von Rost und Staub zu befreien und ihren ursprünglichen Glanz allenthalben wiederzugewinnen.

Für Melanchthon war Wissenschaft immer an Religion gekoppelt. Er wollte deshalb eine sittlich-religiöse Erziehung, damit seine Schüler und Studenten den lutherischen Glauben verstehen und die göttliche Wahrheit der Bibel auch verständlich und überzeugend weitergeben konnten. Sein Werk diente darum dem Aufbau eines protestantischen Schulsystems. Schon seine Zeitgenossen verliehen ihm jenen Ehrentitel „Praeceptor Germaniae" (Lehrmeister Deutschlands), mit dem er in die Geschichtsbücher einging.

Melanchthon erlangte durch sein Wirken in Wittenberg bald so hohes Ansehen, dass ihm Angebote anderer Universitäten in Deutschland und Europa unterbreitet wurden. Der Landesherr wollte jedoch den angesehenen Professor in Wittenberg halten und errichtete ihm 1536 ein standesgemäßes Haus, das heute als Melanchthonhaus bekannt ist. Schon lange zuvor hatte Luther für seinen Freund eine Frau ausgesucht – er heiratete am 27. November 1520 die Tochter des Tuchhändlers und Bürgermeisters von Wittenberg, allerdings ohne große Begeisterung. Er fürchtete, das Eheleben könnte ihn von seinen Studien abhalten. Das Ehepaar hatte vier Kinder. Obwohl seine Frau aus einer angesehenen Familie stammte und Melanchthon als Professor an der Universität gut verdiente, gab es im Hause Melanchthon nie größeren Wohlstand. Ständige Besuche von Universitätsangehörigen, die sich bei diskutierenden Tischrunden versammelten, junge Studenten, die Melanchthon als persönlicher Mentor unterrichtete und versorgte, belasteten das finanzielle Budget des Haushalts.

1523 stieg Melanchthon zum Rektor der Universität auf, die zur bedeutendsten Hochschule Europas geworden war. Seine neue Studienordnung wurde zum Vorbild für andere protestantische Universitäten im Heiligen Römischen Reich. Der Hochschulpolitiker wurde ein gefragter Berater in Sachen Bildungsreform. An der Gründung der Universitäten Marburg, Jena und Königsberg wirkte er selbst mit. In seinen 42 Jahren als Professor konzentrierte er sich auf die Reform der Hochschule, denn ohne engagierte und gut ausgebildete Pfarrer und Pädagogen konnte sich die neue Lehre nicht verbreiten.

Für Melanchthon war Lehren und Lernen so etwas wie ein gottesdienstliches Geschehen. Wer die Schule oder den Hörsaal betrat, sollte sich fühlen wie beim Betreten einer Kirche. Im Bildungsgut, besonders aber im Evangelium, begegnete ihm der lebendige Gott. Deshalb gingen Lehre des Evangeliums und gründliche Bildung für ihn Hand in Hand. Melanchthon griff das antike Bildungswissen in großer Breite auf und verknüpfte es mit theologischen Einsichten. Er verband Glauben und Wissen. Christlicher Glaube und Erkennen gehörten für ihn zusammen. Alles stand im Dienst des Evangeliums, dessen Neuentdeckung durch Martin Luther von Melanchthon intensiv gestützt und auch persönlich gelebt wurde. Beide Reformatoren setzten sich vehement für die Einführung der allgemeinen Schulpflicht in Deutschland ein. Die Reformation war daher auch eine Bildungsbewegung.

Bildung war für Melanchthon kein Selbstzweck. Deshalb musste sie ethisch und religiös verankert sein. Schüler brauchen nicht nur Faktenwissen, sondern auch Orientierungswissen. Wissen braucht Ge-Wissen. Nach Melanchthons Überzeugung bedurfte es bewusster Bildung, um Menschen zu prägen, ihnen zur Selbstentfaltung zu helfen und sie zu gemeinschaftsfähigem und verantwortungsbereitem Verhalten tüchtig zu machen. Das Ziel der Bildung lag für ihn im Vermitteln der sittlichen

Erkenntnis zu einem Leben unter den Maßstäben des Evangeliums. Wissenschaft muss in Religion und Gesetze eingebunden sein. Bildung nicht oder nur ungenügend wahrzunehmen, war für ihn daher Geringachtung Gottes, Undankbarkeit und damit Sünde. Lernen zu dürfen betrachtete er dagegen folgerichtig als Glück und Gottesgeschenk.

Auch für das Lehren und Lernen hat Melanchthon bis heute beherzigenswerte Ratschläge formuliert. So sollten die Schüler nicht mit zu viel Lehrstoff belastet werden. Qualität gehe vor Quantität. Man solle lieber wenige Dinge gründlich lernen als viele oberflächlich. Immer wiederholen! So werde das Langzeitgedächtnis geschult.

Melanchthon ist nicht nur als Lehrer Deutschlands berühmt geworden, sondern auch als Mitstreiter Martin Luthers. Er arbeitete an dessen Bibelübersetzung mit und formulierte die „Confessio Augustana", die zentrale Bekenntnisschrift der Reformation, die er 1530 auf dem Reichstag in Augsburg vortrug. Der bienenfleißige Mann verfasste eine Vielzahl von Büchern. Von ihm sind mehr als 9000 Briefe erhalten, die er morgens schrieb, bevor er zur Universität ging.

Melanchthon starb am 19. April 1560. Sein Grab befindet sich in der Schlosskirche zu Wittenberg – neben dem von Martin Luther. Der Bildungsexperte der heraufbrechenden Neuzeit stand lange im Schatten des Reformators. So ist das Lutherdenkmal in Wittenberg im Jahr 1821 errichtet worden, das von Melanchthon, das daneben steht, erst im Jahre 1865. Es würdigt einen Wissenschaftler und Lehrer von außerordentlichem Rang.

Literatur:

Konrad Fischer: Frömmigkeit, Bildung und Religionsverantwortung im Werk Philipp Melanchthons. In: *Deutsches Pfarrerblatt* 2010, 209 ff.

Friedrich Wilhelm Kantzenbach: *Auskunft über Philipp Melanchthon.* München 1980.

Stefan Rhein: Philipp Melanchthon. Reihe: *Biographien zur Reformation.* Wittenberg 1997.

Christoph Morgner

Der Besuch lohnt

Lutherstätten besichtigen

Starten wir in **Eisleben!** Dort wird Martin Luther am 10. November 1483 geboren. In der Stadtmitte wurde sein Geburtshaus als Gedenkstätte eingerichtet. Dort erhalten wir einen Einblick in das gesellschaftliche Leben damaliger Zeit. Die reichhaltige Ausstellung bietet interessante Einzelheiten, auch aus dem mühsamen Alltag der Menschen. Nur wenige Meter davon entfernt steht die Kirche, in der Martin Luther am Tag nach seiner Geburt getauft worden ist. Diese ist mittlerweile zu einer Taufkirche ausgestaltet worden, die zu besichtigen sich lohnt.

Wenige Monate später zieht die Familie Luther nach **Mansfeld** um, nur wenige Kilometer von Eisleben entfernt. Dort hat der Vater mehrere Kupferminen gepachtet, die der Familie ein gut auskömmliches Leben ermöglichen. Der erhalten gebliebene Teil des Elternhauses von Martin Luther wurde in den vergangenen Jahren restauriert und steht Besuchern offen. Gleich gegenüber wurde ein Informationszentrum über das Elternhaus und die Kindheit Martin Luthers eingerichtet. Auf originelle Weise ist u.a. dargestellt, was die Ausgrabungen am Elternhaus Luthers ans Licht gebracht haben, zum Beispiel Spielzeug, aber auch Tierknochen und Essgeschirr. So können wir ahnen, was bei Luthers auf den Tisch kam. Das lässt sich auch im Elternhaus per Touchscreen eigenhändig rekonstruieren.

In Mansfeld besucht Martin Luther die Schule. Danach schicken ihn seine Eltern zur Lateinschule nach Magdeburg und später nach **Eisenach.** Dort wohnt der Schüler bei einem Ratsherrn. Dessen Haus ist mittlerweile als „Lutherhaus“ hergerichtet. Es bietet vor allem Einzelheiten zum Thema „Luther und die Bibel“.

Einige Schritte weiter lohnt es sich, einen Blick in die imposante Georgskirche zu werfen, in der Johann Sebastian Bach getauft worden ist. Wer noch Zeit zur Verfügung hat, sollte das nahe gelegene Bachhaus besuchen.

Dann wird es Zeit, zur Wartburg zu fahren, die über der Stadt thront. Dort wird Luther 1521 vom Kurfürsten in Schutzhaft genommen. Das Lutherzimmer kann bestaunt werden, in dem der Reformator das Neue Testament ins Deutsche übersetzt hat, aber auch die Wartburg selbst mit ihrer interessanten Geschichte.

Nachdem Martin Luther seine Schulzeit beendet hat, tritt er das Studium in **Erfurt** an. Der Sohn soll Jura studieren und in Politik und Wirtschaft Karriere machen. Doch ein Gewitter in Stotternheim durchkreuzt diese Pläne und führt Luther ins Kloster der Augustiner-Eremiten. Dessen Kirche steht heute jederzeit für Besucher offen. Die weitläufige Klosteranlage mit Refektorium und Kapitelsaal wird in Führungen vorgestellt.

Der Orden sendet seinen begabten Mönch zum Theologiestudium nach **Wittenberg.** Dort wird Luther zum Dr. theol. promoviert. Hier verbringt er die längste Zeit seines Lebens. Die beiden Hauptkirchen sind ein Muss für jeden Touristen. In beiden hat Luther gepredigt: die Schlosskirche, in der Luther und Melanchthon begraben liegen, die Stadtkirche mit ihren beiden mächtigen Türmen und den Altarbildern von Lucas Cranach.

Auf dem Weg von den Kirchen zum Lutherkloster kommt man am Melanchthonhaus vorbei, das als Museum hergerichtet wurde und besichtigt werden kann.

Am Ende der Straße liegt das Augustinerkloster, in dem Luther zunächst als Mönch, dann als Ehemann und Familienvater zu Hause war. Hier kann man tagelang stöbern: alte Originalschriften, Ablassbriefe, Cranach-Bilder, Münzen, die Wohnräume der Luthers, zusätzliche Ausstellungen zu bestimmten Themen usw. Dafür sollte man Zeit und Muße mitbringen.

Am Ende schließt sich der Kreis und wir finden uns wieder in **Eisleben** vor. Dort stirbt Martin Luther im Jahr 1546. Das Sterbehaus ist mittlerweile abgerissen, aber in der Nähe ist eine Gedenkstätte errichtet worden, die den Besuch lohnt. Hier erfahren wir Einzelheiten über Luthers zahlreiche Krankheiten und vor allem über sein sorgsam dokumentiertes Sterben. Wer ein wenig Zeit hat, kann wenige Meter weiter die Andreaskirche besichtigen, in der Luther seine letzten Predigten gehalten hat.

Literatur:

Werner Schwanfelder: *95 Lutherorte, die Sie gesehen haben sollten.* Neukirchen-Vluyn 2015.

Jürgen Werth

Luther und die Wartburg – die Wartburg und ich

Steil geht's bergauf. Das Herz pocht heftig. Aber die Mühe lohnt. Diese Burg ist nicht einfach nur eine Burg. Irgendeine. Und diese Aussicht nicht einfach nur eine Aussicht. Du bist unterwegs zur Wartburg und um dich herum blickst du in das grüne Meer des Thüringer Waldes. Wie hoch magst du geklettert sein? Die offizielle Höhenangabe ernüchtert dich. Auf nicht mehr als 411 Meter über dem Meeresspiegel bist du angekommen.

Was du auch als Metapher begreifen kannst, als Bild. Wer hier gelebt und gelitten, gearbeitet und gekämpft hat, war niemals abgehoben, niemals herausgehoben aus den Sorgen und Fragen derer da unten, der Bauern und Händler und Herren und Mägde und Knechte in Eisenach. Die Heilige Elisabeth war's nicht. Martin Luther war's nicht. Und auch nicht die 500 Studenten, die sich 1817 hier versammelten, um gegen die reaktionäre Politik der deutschen Kleinstaaten zu protestieren, und so irgendwie auch den deutschen Nationalstaat begründet haben.

Die Wartburg ist eine durch und durch deutsche Burg, untrennbar mit der deutschen Geschichte verbunden. Und sie liegt mitten in Deutschland.

Die Mitte ist sie. Das Herz. Ein nationales Symbol.

Elisabeth von Thüringen hat hier gelebt. Im Alter von vier Jahren ist die ungarische Königstochter nach Thüringen gekommen. 1221, gerade vierzehn Jahre alt, wurde sie mit Landgraf Ludwig von Thüringen verheiratet. Ob sie glücklich war? Mit höfischem Prunk jedenfalls konnte sie herzlich wenig anfangen. Zeitzeugen berichten, sie habe „frommen

Eifer gezeigt und ihr Sinnen und Trachten in Spiel und Ernst auf Gott gerichtet“.

Auf Gott. Und auf die Armen. Als ihr Mann 1227 bei einem Kreuzzug ums Leben kam, widmete sie sich ausschließlich ihnen. „Nun soll mir die ganze Welt und aller Reichtum und alles Ansehen gestorben sein“, soll sie gesagt haben.

Schon als Ludwig noch lebte, hatte sie sich für die Armen eingesetzt und war dadurch bei ihresgleichen auf unverhohlene Ablehnung gestoßen. Im Spital am Fuß der Wartburg, das sie hatte errichten lassen, legte sie nun, nach Ludwigs Tod, selber Hand an. Pflegte und wusch die Kranken. Und spendete ihr gesamtes Kapital.

Wenn man so will, haben Caritas und Diakonie hier ihren Anfang genommen. Hier auf der Wartburg. Und die geistlich-theologische Erneuerung der Kirche.

Vom 4. Mai 1521 bis zum 1. März 1522, also dreihundert Jahre später, lebte Martin Luther hier. Sein Aufenthalt sollte ein Geheimnis bleiben, daher wurde er zum „Junker Jörg“.

Luther war wohl nicht freiwillig hier. Sein Kurfürst, Friedrich der Weise, hatte ihn nach dcm Reichstag zu Worms, auf dem er vor Staat und Kirche seine Thesen zurücknehmen sollte, quasi in Schutzhaft genommen.

Luthers spartanisch eingerichtetes Quartier war eine kleine Stube über dem ersten Burghof. Hier nutzte er die erzwungene Rast, um sich für künftige theologische Auseinandersetzungen zu wappnen und um das Neue Testament in die deutsche Sprache zu übersetzen.

Diese Leistung sucht ihresgleichen: In gerade mal zwölf Wochen war das Werk geschafft. Später wurde es noch von Melanchthon und anderen Spezialisten bearbeitet und schließlich 1522 gedruckt. Dieses „Septembertestament“ wurde schlagartig berühmt und fand in den evangelischen Gebieten einen reißenden Absatz. Es wurde zum Volksbuch.

Luthers reformatorische Ideen wurden derweil in Wittenberg, das zum Zentrum der Reformation geworden war, praktisch umgesetzt. Demonstrativ heirateten 1521 drei Priester. Luther sah diese Veränderungen aus der Ferne mit Wohlwollen. Er war gut informiert, denn er hielt engen Briefkontakt zu seinen Mitstreitern. Vor allem zu Philipp Melanchthon. 1522 jedoch, als die radikaleren Kräfte der Reformation die Überhand zu gewinnen schienen, hielt es ihn nicht länger auf der Wartburg. Er zog zurück in sein Schwarzes Kloster in Wittenberg. Ob man ihn dort gleich erkannt hat? Schließlich hatte er „Haupthaar und Bart" gepflegt, wie er selber schreibt.

Eine Idylle war seine Zeit auf der Burg sicherlich nicht. Besonders nicht im langen Winter. Die Wartburg liegt nicht besonders hoch, nein. Aber doch war sie den wechselwendischen Wettern immer besonders ausgeliefert.

Bei den Aufnahmen zu den „Wartburg-Gesprächen", einer Talkshow für unseren Fernsehsender ERF 1, haben wir's immer wieder erlebt und erlitten. Mal brannte die Sonne unerbittlich alle guten Formulierungen aus dem Kopf, mal blies uns ein eiskalter Sturm die warmen Gedanken aus der Seele.

Apropos „Wartburg-Gespräche". – Weit über 50 solcher Sendungen haben wir hier produziert. Haben über Gott und die Welt diskutiert, über das Leben und den Glauben. Hatten durchaus illustre Gesprächspartner am Tisch: Die Bischöfe Hein, Bohl, Kähler, Junkermann, Friedrich, Renz und Damian. Die spätere thüringische Ministerpräsidentin Christine Lieberknecht. Den letzten Ministerpräsidenten der DDR, Lothar de Maizière. Den früheren Bremer Bürgermeister Henning Scherf. Den Schauspieler Markus Majowski. Und ja – Sabine Ball, die „Mutter Teresa von Dresden". Für sie war unsere Sendung der letzte öffentliche Auftritt. Wenige Tage nach der Aufnahme musste sie abtreten von dieser Welt. Ach, und Uwe Holmer und Rainer Eppelmann, Christine Bergmann und Heinz-Horst Deichmann und so viele mehr.

Es waren Gespräche auf der Wartburg, nicht im Studio. Und damit Gespräche im Angesicht von Elisabeth und Martinus. Immer haben wir es so empfunden: Man denkt hier oben ein bisschen anders. Freier. Tiefer. Und man spricht ein bisschen anders. Aufmerksamer. Einfühlsamer. Vielleicht lag es auch daran, dass ich die Sendungen immer mit einem Luther-Zitat begonnen habe.

Aufgenommen haben wir das in der Lutherstube. Da waren wir dann auf einmal so gar keine Touristen mehr. Das schwere Seil, das die Besucher vom „Allerheiligsten" fernhalten soll, wurde für uns zur Seite geräumt. Dann habe ich an seinem Schreibtisch gelehnt – der freilich erst viele Jahre später hier hochgewuchtet worden ist. Den Fuß habe ich dabei häufig auf den Walwirbel gestellt, der wohl als einziges Requisit schon damals hier gelegen hat, und war meinem Bruder Martinus auf merkwürdige Weise nah.

Den Tintenklecks an der Wand, den frühere Touristengenerationen hier bewundert haben und der immer wieder aufgefrischt wurde, gibt es freilich nicht mehr. Es ist wohl doch nur eine Legende, dass Luther mit dem Tintenfass nach dem Teufel geworfen hat. Er hat ihn auf andere Weise mit Tinte besiegt.

Abgeschlossen habe ich die Gesprächsrunden immer mit einem Segensspruch, den er einmal seinem Vater geschickt hat: „Ich befehle euch dem, dem ihr wichtiger seid, als ihr euch selbst." Berührend. Bewegend. Auch für die Gesprächspartner am Tisch, die hier nicht selten zum ersten Mal eine Begegnung mit Luther und seiner Wartburg hatten.

Ja, hier hat er gelebt und gearbeitet, geglaubt und gezweifelt. Nein, er war noch nicht der Reformator. Aber er hatte schon die halbe Welt entzündet mit seiner Entdeckung, dass Gott gnädig ist. Hier nun schenkte er den Deutschen durch seine Bibelübersetzung auch eine einheitliche Sprache.

Luther war ein begnadeter Theologe. Aber eben auch ein Sprachschöpfer. Viele seiner lebensprallen und blutvollen Formulierungen benutzen wir bis heute. Der Publizist Wolf Schneider sagt es so: „Die Sprache Luthers zu übertreffen ist unmöglich, sie zu erreichen ziemlich schwer. Die Lutherbibel ist die Stiftungsurkunde der deutschen Sprache."

Im Luther-Musical „Bruder Martinus" habe ich dem Bibelübersetzer folgenden Text in den Mund geschrieben:

„Wort für Wort und Satz für Satz und Buch für Buch,
ein Wort, das trifft und das erhellt, ist's, was ich such.
Fremde Sprachen, fremde Bilder aus fremder Zeit
von Palästina bis zur Wartburg ist es weit.
Viele Stunden, viele Wochen, Tag und Nacht
hab ich hier schon mit diesem alten Buch verbracht.
Will auf gut Deutsch einfach sagen, was Gott sagen will.
Es soll verstehbar sein in angemessnem Stil.

Buch für Buch und Satz für Satz und Wort für Wort
und ganz allein mit meinem Gott an diesem Ort.
Diese Stube ist erfüllt von seinem Glanz
und der Teufel fordert auf zum wilden Tanz.
Und ich lausche, grüble, zweifle, prüf und bet,
damit man nicht nur mich, damit man Gott versteht.
Dieses Himmelsbuch gehört in jede Hand,
damit es hell wird in den Häusern und im Land.

Gotteswort wird Menschenwort,
Menschenwort wird Gotteswort.
Und der Himmel lässt sich nieder in der Welt
mit einem Brief, von Gott persönlich zugestellt."

Der Himmel hat die Erde berührt an diesem Ort. Dem nachzuspüren lohnt sich allemal und es lohnt sich immer wieder.

Auch wenn's steil bergauf geht.

Jürgen Werth war langjähriger Direktor von ERF Medien. Er ist jetzt als Liedermacher und Texter unterwegs und wohnt in Wetzlar.

Reinhard Holmer

Martin Luther in der DDR

Ich war zwölf Jahre alt und hatte seit einem Jahr Geschichtsunterricht in der Schule der DDR. Sehr ausführlich haben wir uns in der fünften Klasse mit dem Spartakusaufstand beschäftigt. Er musste als erste „Klassenauseinandersetzung" herhalten, denn Karl Marx und Friedrich Engels hatten im Kommunistischen Manifest geschrieben: „Die Geschichte aller bisherigen Gesellschaft ist die Geschichte von Klassenkämpfen." Dies war die einfache Folie, durch die alle Geschichte beurteilt wurde. Nach dem Spartakusaufstand kam die Schlacht im Teutoburger Wald, in der sich die unterdrückten Germanen gegen die unterdrückenden Römer zur Wehr setzten. Viel mehr gab es im Mittelalter nicht. Jan Hus, als Vorläufer der Reformation, und dann der junge Luther.

Ich war gespannt, denn Martin Luther bedeutete mir schon damals viel. Aber was bekamen wir zu hören? Am Anfang, so hieß es, war er ein progressiver Reformer, der sich aber bald auf die Seite der Unterdrücker schlug und im Bauernkrieg eine verheerende Rolle spielte.

Woher kam dies Lutherbild, das fast vierzig Jahre in der DDR weitergegeben wurde? Es begann 1946 mit dem 400. Todesjahr des Reformators. Kommunistische Historiker vertraten die Meinung, Martin Luther sei als eine der geistigen Wurzeln des Nationalsozialismus anzusehen. Er sei der Urheber der deutschen Obrigkeitshörigkeit und Staatsbesessenheit gewesen. Und so seien die Kirchen in seinem Gefolge diejenigen gewesen, die Hitler zur Macht verhalfen. Die Ideologen in der sowjetischen Besatzungszone wollten ein neues und besseres Deutschland schaffen. Dafür brauchte man Revolutionäre wie Thomas Müntzer.

In einem Theaterstück von Friedrich Wolf aus dem Jahr 1952 über Thomas Müntzer wurde Luther zwar noch zugestanden, dass er die

Bibel übersetzt und damit Wesentliches für Deutschland getan habe. So sagt in dem Stück ein befreundeter Pfarrer zu Müntzer: „Und doch hat der Wittenberger Doktor dem gemeinen Manne die Bibel in deutschen Worten geschenkt." Müntzer antwortet darauf: „Und hat sogleich sein Geschenk zunichtegemacht, da er den gemeinen Mann in Fürstenhudelei an die Obrigkeit verriet." Ein solcher Luther passte nicht in das neu entstehende Geschichtsbild der angehenden DDR. Der wahre Revolutionär war Thomas Müntzer.

In den Sechzigerjahren wurde Luther vorsichtig rehabilitiert, wenn auch zunächst nur der junge Luther. In der offiziellen DDR-Sprache fand es darin seinen höchsten Ausdruck, dass der junge Luther in die Reihen der Revolutionäre aufgenommen wurde. 1967 versuchte die SED zum 450. Reformationsjubiläum erstmals öffentlich, den „frühbürgerlichen Revolutionär" für sich zu reklamieren. Allerdings war dies nicht sehr erfolgreich, weil man auch hier wieder Luther als Theologen ignorierte. Auch in dieser Zeit blieb der Bauernkrieg der Höhepunkt der Epoche – und Thomas Müntzer der alles überragende Revolutionär. Unter dem Aspekt lernte auch ich Martin Luther in der Schule kennen und war von dieser Darstellung enttäuscht. Da wir Geschichte zu Hause anders lernten, führte es dazu, dass wir bald gar nichts mehr glaubten, was uns in der Schule politisch vermittelt werden sollte.

In den Siebzigerjahren veränderte sich das Bild. Ich besuchte in dieser Zeit die Erweiterte Oberschule und hatte wie auch die meisten meiner Schulkameraden längst die marxistische Geschichtsklitterung durchschaut. Das uns gebotene Bild war zu einfach, zu sehr schwarz-weiß. Unser Geschichtslehrer gab sich alle Mühe, das Fach Geschichte lebendig zu gestalten, aber auch er durfte an dem vorgegebenen Bild nicht rütteln. Als ich ihn einmal nach offensichtlichen Fehlern der marxistischen Beurteilung der Reformationsgeschichte befragte, antwortete er vielsagend: „Reinhard, im Prinzip hast du recht. Aber es ist hier nicht der Ort und die Zeit, darüber zu diskutieren." Mehr konnte man in der DDR von einem Lehrer nicht erwarten. Aber sehr viele Menschen waren über die Verkrustungen der Parteidoktrin enttäuscht.

Im Jahr 1976 zündete sich Pfarrer Oskar Brüsewitz in Zeitz selbst an und starb an den Folgen der Selbstverbrennung. Neben sich stellte er ein Plakat mit der Aufschrift: „Funkspruch an alle: Die Kirche der DDR klagt den Kommunismus an!" Ich studierte damals in Leipzig Theologie. Diese Tat war unter uns sehr umstritten. Sie stellte einen Tiefpunkt der Beziehungen zwischen Staat und Kirche dar. So konnte es nicht weitergehen.

Am 6. März 1978 kam es dann zum ersten und einzigen offiziellen Gespräch zwischen Erich Honecker und führenden Kirchenvertretern unter der Leitung des Berliner Bischofs Albrecht Schönherr. Als Folge dieses Verständigungsgesprächs kam es zu einer deutlichen Entspannung zwischen Staat und Kirche. So wurde Ende der Siebzigerjahre auch das Lutherjubiläum zum 500. Geburtstag des Reformators beschlossen. Die SED erklärte offiziell das Jahr 1983 zum Jahr der „Martin-Luther-Ehrung der Deutschen Demokratischen Republik". Auch die Kirchen sollten daran beteiligt sein.

Für die Parteiideologen war das nicht ganz einfach, denn sie mussten an der Basis für Begeisterung sorgen, ohne die Genossen zu verwirren. Um die staatliche „Martin-Luther-Ehrung" zu einem Erfolg werden zu lassen, gründete die SED bereits im Juni 1980 ein „Martin-Luther-Komitee der DDR" – mit Erich Honecker an der Spitze.

Als Richtungsvorgabe wurden von der Akademie der Wissenschaften 15 Thesen über den Reformator erarbeitet. Darin hieß es, Luther sei „ein Exponent der frühbürgerlichen Revolution" und nicht mehr der „Fürstenknecht" und „Verräter der Bauern", wie Engels es im 19. Jahrhundert behauptet hatte und wie es in der DDR bisher in allen Schulbüchern stand. Akademien und Museen begleiteten das Jahr mit zahlreichen Ausstellungen, Vorträgen und Konzerten. DDR-Verlage brachten Bücher, Schallplatten und Bildbände heraus, die DEFA (Filmgesellschaft der DDR), produzierte eine Luther-Serie fürs Fernsehen.

Der Kulturbund der DDR wurde verpflichtet, dafür zu sorgen, dass die Luther-Ehrung massenwirksam und umfassend durchgesetzt wurde. Am Vorabend des 10. November, dem Geburtstag des Reformators, gab es als besonderen Höhepunkt sogar einen Staatsakt in Ost-Berlin.

Warum diese Veränderungen? Es war das Bemühen der SED, den eigenen Staat in der deutschen Geschichte fest zu verankern. Der DDR-Historiker Adolf Laube formulierte es so: „Es geht um das historische Selbstverständnis der DDR als eines deutschen Staates, dessen geschichtliche Wurzeln bis in die Anfänge deutscher Geschichte zurückreichen." Und Erich Honecker sagte bei der Gründung des staatlichen Lutherkomitees: „Unser Staat der Arbeiter und Bauern verwirklicht die Ideale der besten Söhne des deutschen Volkes im Sinne seiner Politik zum Wohle des Menschen." Diese Renaissance Luthers sollte internationale Anerkennung bringen.

Die Kirche war skeptisch gegenüber der Vereinnahmung von Luther durch die SED. Horst Greim, Kirchenrat in Eisenach, sagte: „Was da 1983 passiert, ist Heldenverehrung. Und dagegen sind wir empfindlich." Der Reformator sollte im Mittelpunkt stehen und nicht der neu entdeckte Revolutionär. Aber die Kirche nutzte die Chance des Lutherjahres. Sie bildete ein eigenes Lutherkomitee und wählte für das kirchliche Lutherjahr ein Motto aus Luthers Kleinem Katechismus, das die Distanz zum Staat deutlich machte: „Gott über alle Dinge fürchten, lieben und vertrauen." Insgesamt wurden sieben regionale Kirchentage geplant. Der Kirchentag in Wittenberg war speziell Luther gewidmet. Auch wenn die Kirche sich nicht von den staatlichen Feiern vereinnahmen ließ und die Eigenständigkeit deutlich machte, so konnte der Staat doch auch bei allen kirchlichen Feiern Weltoffenheit demonstrieren – und das war der Partei in dieser Phase der DDR sehr wichtig. Zugleich wurden mit diesem Jubiläum wertvolle Westdevisen in die Kassen des Staates gespült. Und dafür mussten auch die eingefleischtesten Parteifunktionäre ihre Bedenken zurückstellen.

Ungeklärt blieb bis zum Ende der DDR, wie nach 1983 das Verhältnis zwischen Luther und Thomas Müntzer zu bestimmen sei, der doch allen Genossen als der eigentliche Held der Deutschen im Zeitalter der Reformation galt. Die Lutherjubiläen der Vergangenheit waren alle politisiert. Für das Reformationsjubiläum 2017 wünsche ich mir, dass Luther selbst mit seinem bleibenden Vermächtnis im Mittelpunkt stehen wird.

Pfarrer Reinhard Holmer ist Direktor des Diakonissen-Mutterhauses in Elbingerode/Harz.

Manfred Siebald

Martin Luther in Amerika

Luther in Amerika? Das klingt, als hätte der Reformator Martin Luther es irgendwann geschafft, über den Atlantik zu segeln. Nein, das hat er sicher nicht. Zwar hatte Europa durch Christoph Kolumbus von der Existenz des nordamerikanischen Kontinents erfahren, aber zu dieser Zeit besuchte Luther noch die Lateinschule in Mansfeld. Er mag – wie uns die Historiker berichten – 1521 auf dem Reichstag zu Worms möglicherweise einige „indianische Prinzen" gesehen haben, die man zu Kaiser Karl V. gebracht hatte, aber er hat sich insgesamt wohl nicht mehr als zweimal zu Amerika geäußert (Spitz 177).

Was lässt sich also zu Luther in Amerika sagen? Zum einen kann man einen Blick auf die Geschichte und die Organisationsformen der lutherischen Kirchen in Amerika werfen; zum anderen kann man fragen, welche Rolle er im amerikanischen Denken gespielt hat.

Geschichte der lutherischen Kirchen

Wie kam die Lehre Martin Luthers nach Amerika? Schweden und Holländer, die in den 1620er-Jahren in der Gegend von New York ankamen, waren die ersten Lutheraner. In Fort Christiania im heutigen Delaware entstand 1638 New Sweden, die erste unabhängige lutherische Kolonie. 1669 gab es bereits mit Duldung der Engländer zwei eigenständige lutherische Gemeinden in Manhattan und Albany. Es war aber erst die Gründung der religiös-liberalen Quäkerkolonie Pennsylvania durch William Penn (1681), die zur massenhaften Einwanderung von Lutheranern aus dem Rheinland führte: Um die Mitte des 18. Jahrhunderts gab es dort ca. 24000 deutsche und 6000 schwedische Lutheraner, allerdings vielfach in kleinen Kirchen ohne Pastoren. Es war also ganz natürlich, dass man Hilfe in der Alten Welt suchte. In einem gemeinsamen Brief an den Hofprediger Ziegenhagen in London baten die lutherischen Gemeinden von Pennsylvania und Neuengland um Unterstützung bei dem Bemühen, die „reine evangelische Lehre" zu verbreiten:

„Wir leben in einem Land voller Ketzerei und Sekten, stehen in äußerstem Mangel und Armut unsrer Seelen, und ist jämmerlich zu beweinen der große Haufe der heranwachsenden Jugend, welche nicht weiß, was link oder recht ist, und wegen Ermanglung [von] Kirchen und Schulen zu befürchten, daß die meisten auf schwere Irrwege verleitet werden möchten. Der liebe Gott weiß, wie nötig wir anderer Mitchristen Hilfe haben (Wolf 205).

Die erbetene Hilfe kam aus Halle an der Saale. Heinrich Melchior Mühlenberg, Waisenhauslehrer und Gemeindepfarrer, bekam 1742 von dem führenden Pietisten Gotthilf August Francke den Auftrag, in Amerika die Treue zu Luthers Lehren in Bekenntnis und Kirchenverfassung zu stärken. Als er am 13.6.1742 ein überladenes und wenig seetüchtiges Schiff nach Charleston bestieg, hörte er eine Passagierin „Ein feste Burg" singen und rief aus: „Dies ist ein besserer Schutz als die zehn Kanonen, die wir an Bord haben" (Wolf 213).

Aufgewachsen im obrigkeitlich orientierten Landeskirchentum hatte er es nicht leicht, in der wenig organisierten geistlichen Landschaft die für eine Leitungsposition nötige Anerkennung zu gewinnen. Zum Beispiel lud der 1741 nach Amerika gekommene Graf Zinzendorf, der die Vision eines gemeinsamen Gottesdienstes aller christlichen Gruppen hatte und sich selbst als das rechtmäßige Oberhaupt der amerikanischen Lutheraner betrachtete, den jungen Mühlenberg wegen eines mutmaßlich durch einen lutherischen Bierbrauer entwendeten Abendmahlskelchs vor und tat ihn dabei verächtlich als „Dorff Pfarrer" ab (Mühlenberg 52). Doch dieser junge Geistliche arbeitete ganz in der Rolle des traditionellen lutherischen Pfarrers unermüdlich daran, die Lutheraner auf die Grundlagen des lutherischen Glaubens einzustimmen: Wie er in seinem Tagebuch von 1747 aufzählt, bestanden diese im Heiligen Wort der Apostel und Propheten, in dem Augsburger Bekenntnis von 1530 und dem Rest der Bekenntnisschriften, in der regelgerechten Verwaltung der Sakramente durch regelgerecht ordinierte Prediger in Übereinstimmung mit dem Wort und den Bekenntnissen, und in dem Ausschluss unkorrigierbarer Sünder aus der Gemeinde (Ahlstrom 257).

Die Situation im pluralistischen Pennsylvania war – gelinde gesagt – verworren und von zahllosen Rivalitäten geprägt. „Man muss hier überaus piano und sachte gehen", schrieb er nach Hause (Strohmidel 384). Deshalb gründete er 1748 das erste in Lehr- und Gemeindefragen autorisierte Leitungsgremium der lutherischen Kirchen, das „Ministerium of Pennsylvania", welches aus Pastoren und Gemeinden aus Pennsylvania, New Jersey, New York und Maryland bestand. Im Laufe der nächsten hundert Jahre sollten viele weitere Synoden folgen. Mit der Gründung einer „General Synod" wurde das amerikanische Luthertum 1820 weitgehend selbstständig. Für deutsche Betrachter ist auch eine andere Art von Selbstständigkeit bemerkenswert: Durch die im ersten Zusatzartikel zur amerikanischen Verfassung verankerte Trennung von Kirche und Staat (1791) mussten sich die lutherischen Kirchen (wie alle anderen Kirchen) durch freiwillige Spenden ihrer Mitglieder selbst finanzieren, denn der Staat zog keinerlei Kirchensteuer für sie ein.

Von großer Bedeutung für die weitere Ausbreitung des Luthertums in den Vereinigten Staaten war die Einwanderung aus Europa. Von 1830 an zogen jedes Jahr Tausende von Deutschen, Schweden, Norwegern, Dänen, Finnen in den Mittelwesten (Queen 373), und allein zwischen 1840 und 1875 gründeten sie 60 neue lutherische Denominationen (Queen 373) – wodurch es zeitweise bis zu 150 davon gab (Mead 205). Diese unterschieden sich zum einen durch die verschiedenen Herkunftssprachen, zum anderen aber auch durch Unterschiede in der Lehre, die die Einwanderer aus ihrer jeweiligen europäischen Heimat mitgebracht hatten. Aber es gab auch Neugründungen aus politischen Gründen – zum Beispiel spalteten sich Lutheraner in den Südstaaten zu Beginn des Bürgerkriegs (1863) ab, um eine „United Synod of the South" zu gründen.

Der Erste Weltkrieg unterbrach den Zustrom von deutschen Einwanderern und förderte einen wachsenden „Amerikanismus" unter den bereits früher eingewanderten Lutheranern. 1918 wurde das National Lutheran Council aus acht lutherischen Kirchenbünden gegründet, und in der Folgezeit bildeten sich bis zu den 1960ern aus unabhängigen lutherischen Synoden zwei große Denominationen: im Osten die Lutheran Church in America und im Mittelwesten die skandinavisch orientierte American Lutheran Church. Nach verschiedenen Zusammenschlüssen und Teilungen konnte man 2002 von drei großen lutherischen Denominationen sprechen: die relativ liberale Evangelical Lutheran Church of America (ca. 3,8 Millionen), die konservative Lutheran Church, Missouri Synod (ca. 1,9 Millionen) und die ebenfalls konservative Wisconsin Evangelical Lutheran Synod (316 000). Darüber hinaus gibt es ungefähr 20 kleinere lutherische Denominationen. Die kirchliche Landschaft bleibt in Bewegung.

Das Bild Martin Luthers

Obwohl bereits im frühen 17. Jahrhundert die ersten Lutheraner in Nordamerika gelandet waren, spielten Martin Luther und seine Lehren lange Zeit keine große Rolle im Denken der aus Europa stammenden Kolonialbevölkerung. Zu dominant waren die spanischen Katholiken (im Südosten und Westen) und die anglikanischen Engländer (im Südosten), zu tonangebend auch im Nordosten die calvinistisch geprägten Puritaner, als dass die Lehren des deutschen Reformators die Politik und das religiöse Leben nachhaltig hätten beeinflussen können. Seines 300. Geburtstags wurde 1783 noch kaum gedacht, doch im frühen 19. Jahrhundert begannen die Historiker, ihn wegen seiner protestantischen Gesinnung als einen wesentlichen Wegbereiter der amerikanischen Revolution zu bezeichnen.

Nachdem als erstes Werk Luthers 1801 sein Galaterkommentar auf Englisch veröffentlicht wurde, lobten Liberale (wie zum Beispiel die Unitarier), er habe sich von der geistigen Unterdrückung durch den Katholizismus emanzipiert. Aber das Lutherbild des 19. Jahrhunderts war vielschichtig: Für fromme Protestanten war er vor allem der Bibelübersetzer und -lehrer und ein Werkzeug Gottes bei der Rückkehr der Kirche zu ihren urchristlichen Wurzeln. Auf der anderen Seite bezeichnete der

Historiker George Bancroft, der in Deutschland studiert hatte, Luther 1834 zusammen mit Kolumbus, Gutenberg und Calvin als einen der vier Väter der modernen Welt. Und 1835 war er für den Transzendentalisten Ralph Waldo Emerson weniger ein Gelehrter und Philosoph als vielmehr ein Prophet und Dichter – auf einer Ebene mit Homer, Mose, King Alfred und Washington (Lehmann 157).

Auf diese Weise entstand im Laufe des Jahrhunderts ein immer positiveres Lutherbild. Bei den Feiern zum 400. Geburtstag 1883 würdigte Prof. Frederic Henry Hedge vor der Massachusetts Historical Society die Verdienste des Reformators mit markigen Worten: Durch sein Denken sei „die Unabhängigkeit des Bürgers, geistige Freiheit, persönlicher Spielraum, die Weite des Raums, die Ungebundenheit der Gedanken, die Freiheit der Feder" entstanden. Oder wie es ein Lutheraner aus Pennsylvania in einem zur Feier erschienenen Buch kühn formulierte: „. . . ohne einen Luther hätte es in Amerika keinen Washington gegeben" (beide zit. nach Lehmann 151).

Es war wohl dieses äußerst positive Lutherbild, das den Pastor Martin King 1934 nach einer Deutschlandreise zum baptistischen Weltkongress dazu brachte, sich selbst und auch seinen 1929 geborenen Sohn Martin in Martin Luther King, Sr. und Jr. umzubenennen. Damit wollte er den deutschen Reformator ehren. Die Leitfigur der amerikanischen Bürgerrechtsbewegung, selbst Baptistenpastor, machte den Namen Martin Luther dann auch denen bekannt, die von der Reformation in Deutschland keine Kenntnisse mehr hatten. Mit Kings Ermordung 1968 und der Festlegung seines Geburtstages als nationalem Feiertag („Martin Luther King Day", jährlich begangen am dritten Montag im Januar) war der Name Martin Luther dann – wenn auch indirekt – ins nationale Gedächtnis eingeschrieben.

Es ist viel Zeit zwischen Luthers Zeit und der unseren vergangen. Der amerikanische Historiker Mark Noll stellt am Ende seines Buches über die Protestanten in den USA die Frage, was Luther wohl zur Situation amerikanischer Protestanten im 21. Jahrhundert sagen würde. Manches wäre ihm wohl völlig rätselhaft:

> Er würde nicht die Trennung von Kirche und Staat verstehen. Er wäre ratlos angesichts der Natürlichkeit, mit der Protestanten die modernen Marktwirtschaften akzeptieren, den freien Meinungsaustausch, die Vorherrschaft selbst gewählter Leitungsorgane in den Kirchen, die Rolle von Frauen in kirchlichen Leitungspositionen – und angesichts der Art und Weise, in der sie sich religiösen Überzeugungen und Praktiken anvertrauen, die im 16. Jahrhundert gar nicht vorstellbar waren. (140–141)

Was er nach Mark Noll allerdings mit Freude wahrnehmen würde, wäre die immer noch wichtige Rolle der Bibel bei Protestanten (wobei er allerdings nicht alle ihre Auslegungen akzeptieren würde) und die persönliche Verantwortlichkeit und das Engagement des einzelnen Christen.

Literatur:

Ahlstrom, Sydney E. *A Religious History of the American People.* New Haven: Yale UP, 1972.

Lehmann, Hartmut. „Die Entdeckung Luthers im Amerika des frühen 19. Jahrhunderts." *Luther in der Neuzeit.* Ed. Bernd Moeller. Gütersloh: Gerd Mohn, 1983. 151–59.

Mead, Frank S., and Samuel S. Hill. *Handbook of Denominations in the United States.* 11th ed. Nashville: Abingdon Press, 2001.

Mühlenberg, Heinrich Melchior. *Die Korrespondenz Heinrich Melchior Mühlenbergs: Aus der Anfangszeit des Luthertums in Nordamerika.* Bd. 1. Ed. Kurt Aland. Berlin: de Gruyter, 1986.

Noll, Mark. *Protestants in America.* New York: Oxford UP, 2000.

Queen, Edward L., Stephen R. Prothero, and Gardiner H. Shattuck, Jr. *The Encyclopedia of American Religious History.* New York: Facts on File, 1996.

Spitz, Lewis W. „Luther in America: Reformation History since

Philip Schaff." *Luther in der Neuzeit*. Ed. Bernd Moeller. Gütersloh: Gerd Mohn, 1983. 160–77.
Strohmidel, Karl-Otto. „Heinrich Melchior Mühlenberg und das Luthertum im pluralistischen Pennsylvania." *Amerikastudien/American Studies* 38.3 (1993): 383–398.
Wolf, Edmund Jakob. *Die Lutheraner in Amerika: Eine Geschichte ihres Kampfes, Fortschritts, Einflusses und ihres staunenswerten Wachstums*. New York: Hill, 1891.
Yearbook of American and Canadian Churches 2002. Ed. Eileen W. Lindner. Nashville: Abingdon Press, 2002.

Dr. Manfred Siebald, Professor für Amerikanistik, wohnt in Mainz und ist als Liedermacher und Sänger unterwegs.

Hans-Dieter Frauer

„Hier ist offensichtlich Gott am Werk"

Die Reformation in Württemberg

„Es gibt zwei gelobte Länder auf der Welt. Das eine ist das biblische Kanaan, das andere ist Württemberg." Dieser Satz aus dem Jahr 1843 stammt von Christian Gottlob Barth und fasst die evangelische Sondergeschichte Württembergs zusammen. Man muss in der Tat lange suchen, bis man ein Gebiet findet, das durch die Reformation ähnlich verändert worden ist. Der neue Glaube leitete dort eine bis heute zu beobachtende Entwicklung ein: Das überwiegend von Bauern und Weingärtnern in bescheidenen Verhältnissen bewohnte 280 000-Einwohner-Land mauserte sich zum Volk der Dichter und Denker, später zu dem der Tüftler und Erfinder. Außerdem wurde das abgelegene Binnenland zu einem Zentrum der Weltmission. Württemberg wandelte sich in kürzester Zeit zum viel bewunderten evangelischen Muster- und Modellstaat.

Das alles geschah gegen jede menschliche Wahrscheinlichkeit. So war das damalige Herzogtum Württemberg in den Anfangsjahren der Reformation von den militant-altgläubigen Habsburgern beherrscht: Daher kam im Jahr 1520 eine Abschrift der Bannandrohungsbulle nach Stuttgart, wo sie heute als kostbarster Besitz des Hauptstaatsarchivs gilt. Erst siebzehn Jahre nach dem Thesenanschlag kam Württemberg zum neuen Glauben – aber nur durch das Zusammentreffen ungewöhnlicher politischer Umstände. Auch der Reformator Martin Luther hat Württemberg niemals betreten, sondern die für ihn so erfreuliche wie erstaunliche Entwicklung in dem damals größten Flächenstaat im deutschen Südwesten von Wittenberg aus verfolgt. „Hier ist offensichtlich Gott am Werk", hat er dazu geschrieben (Brief vom 14. Juli 1534).

Dabei schlug die Sternstunde für das evangelische Württemberg schon relativ früh. Bei einem wissenschaftlichen Streitgespräch (Heidelberger Disputation) erläuterte Luther am 25. April 1518 – wenige Monate nach seinem Thesenanschlag – die Grundgedanken seiner neuen Theologie, nämlich dass der Mensch allein durch seinen Glauben die Gnade Gottes erlange, nicht aber durch gute Werke. Er konnte damit zwar nicht den universitären Lehrkörper überzeugen, wohl aber zahlreiche zuhörende Theologiestudenten. Unter ihnen waren fast alle späteren Träger der Reformation im südwestdeutschen Raum, so etwa Erhard Schnepf, Johannes Brenz, der zum prägenden Reformator Württembergs wurde, Martin Frecht, der als Reformator in der damaligen Welthandelsstadt Ulm wirkte, sowie Martin Bucer, der Reformator in Straßburg.

Bahnbrecher der Reformation waren die Reichsstädte – an ihrer Spitze Reutlingen. Wegen der auch dort extrem schlechten geistlichen Versorgung – der Klerus war faul, ungebildet und sittlich verwahrlost – hatte die Stadtverwaltung auf eigene Kosten Matthäus Alber Theologie studieren lassen und 1521 auf eine für ihn errichtete Predigerstelle an der Marienkirche berufen, damit nun endlich „das Verlangen nach Gottes Wort" befriedigt werde. Alber begann bald, Gottesdienst, Schule, Lebensordnungen und das kirchliche und politische Gemeinwesen im Sinne Luthers zu verändern. Das führte zu einem reformatorischen Aufbruch in der Bürgerschaft, aber auch zu heftigen Auseinandersetzungen mit dem Bischof von Konstanz. Die Bürgerschaft scharte sich jedoch um Alber, dem „Luther Reutlingens". Im berühmt gewordenen „Reutlinger Markteid" vom Mai 1524 zwang sie die Obrigkeit, am neuen Glauben festzuhalten. Das hatte zur Folge, dass die Stadt Reutlingen im Jahr 1529 an der Speyerer Protestation teilnahm und 1530 als einzige Reichsstadt neben Nürnberg das protestantische Glaubensbekenntnis, die „Confessio Augustana", unterzeichnete.

Reutlingen wurde im deutschen Südwesten zu einem Fackelträger der Reformation im Sinne Luthers, doch hat sich auch die räumliche Nähe zur Schweizer Reformation ausgewirkt. Daher wurde hier zwar die lutherische Lehre übernommen, nicht aber die Gottesdienstform der Deutschen Messe – was Luther übrigens ausdrücklich guthieß. Am 4. Januar

1526 schrieb er an „alle lieben Christen in Reutlingen“, dass er es akzeptiere, dass sie die lutherische Lehre übernommen hätten und bei ihrem reichsstädtischen Predigtgottesdienst geblieben seien.

Die Habsburger Herrscher schirmten das von ihnen seit 1519 besetzte Herzogtum Württemberg zwar sorgsam gegen die in ihren Augen „verdammte lutherische Pest“ ab, durch die zahlreichen Reichsstädte (sie waren auch wichtige Marktorte) floss jedoch viel reformatorisches Wissen in das Land hinein. Zudem verbreitete es sich über Briefe, Sendschreiben, Flugblätter, insgeheim weitergegebene Predigt-Nachschriften und Bilder von Luther (er war der am meisten porträtierte Mensch seiner Zeit).

Im Jahr 1534 konnte der 1519 vertriebene Herzog Ulrich in einer für ihn günstigen politischen Konstellation sein angestammtes Land zurückerobern. Er reformierte es dann – zwar von oben, aber mit großer Zustimmung der Bevölkerung – unter dem reformatorischen Motto: „Gottes Wort bleibt in Ewigkeit.“

In diesem Sinn wurde das Land durchgreifend umgestaltet. Gottesdienste wurden regelmäßig in deutscher Sprache von den immer besser ausgebildeten Pfarrern gehalten. Alles, was man als mit „dem Wort“ nicht vereinbar ansah, wurde „abgeschafft“: die Vielzahl der Heiligenfeiertage ebenso wie Wallfahrten und Reliquienkult, Pilgerwege und Klöster, Ablasshandel, Fasnet (Fastnacht), das Bekreuzigen und das Wetterläuten, Feldkreuze und Brückenkapellen. Die Nähe zur Reformation Schweizer Prägung führte zu der bis heute für Württemberg typischen schlichten Gottesdienstform. Eine Vielzahl von Bildern, Altären und Kunstwerken wurde beseitigt. Dies alles waren Weichenstellungen, deren Folgen bis heute beobachtet werden können: So hat die Fasnet im württembergischen Bereich keine Tradition und Kunst keinen hohen Stellenwert.

Eine bedeutsame Weichenstellung war aber der Aufbau eines vorbildlichen Schulwesens. Jeder sollte in der Lage sein, selbst die Bibel zu lesen; es gab bald ein flächendeckendes Netz von Dorfschulen. Begabte Knaben kamen über die als Internate geführten Klosterschulen (die bisherigen Mannsklöster) an die Landesuniversität Tübingen. Württemberg ist das weltweit erste Territorium mit einer solchen Bildungspyramide: Sie brachte nicht nur eine einheitlich geprägte Pfarrer- und Beamtenschaft hervor, sie machte Württemberg auch zum „Volk der Dichter und Denker“.

Die in Tübingen ausgebildete Pfarrerschaft galt bald als die beste im gesamten deutschsprachigen Raum. Württembergische Kirchenordnungen regelten alle Bereiche des Lebens; sie wurden ganz oder teilweise von anderen Territorien übernommen: von der Markgrafschaft Baden bis hinauf zum Königreich Schweden. Württemberg mauserte sich zur protestantischen Führungsmacht: So vertrat es die evangelische Sache ab 1571 auf dem Konzil von Trient und unternahm dabei den letzten ernsthaften Versuch, die Glaubensspaltung doch noch zu überwinden.

Der evangelische Musterstaat Württemberg wurde zur Heimat für ungezählte wegen ihrer evangelischen Überzeugung Verfolgte. Unter ihnen war Primus Truber aus Laibach. Er übersetzte im württembergischen Exil die Bibel ins Kroatische und Slowenische und schuf dabei die Schriftsprachen dieser Länder. Er wird deshalb heute als „Luther Sloweniens“ geehrt. Aus dem Schwäbischen kommt auch Paul Speratus, der Dichter des Liedes „Es ist das Heil uns kommen her“. Er hat es in der Todeszelle gedichtet. Am 12. Januar 1522 hatte er die erste (und bisher einzige) evangelische Predigt im Wiener Stephansdom gehalten und sollte auf dem Scheiterhaufen verbrannt werden. Luther hat das Lied hoch geschätzt und es in sein 1524 herausgegebenes „Achtliederbuch“ aufgenommen. In ihm ist das reformatorische Bekenntnis verdichtet enthalten: die Rechtfertigung allein aus Glauben, allein aus Gnade. Das Lied ist in vielen Städten wie etwa Heidelberg und Magdeburg zum „Sturmlied der Reformation“ geworden.

Literatur:

Hans-Dieter Frauer: *Der schwäbische Himmel. Die Reformation in Württemberg.* Verlag der Francke-Buchhandlung, Marburg, 2010.

Hans-Dieter Frauer: *Die schwäbische Insel. Das fromme Zucht-Haus Württemberg.* Verlag der Francke-Buchhandlung, Marburg, 2010.

Michael Hobrack

Wittenberg zwischen gestern und heute

Was hat sich in den letzten Jahrzehnten nicht alles verändert – im wiedervereinigten Deutschland im Allgemeinen wie in Ostdeutschland im Besonderen. Das lässt sich vielerorts – so auch in der Lutherstadt – eindrucksvoll beobachten. Wittenberg wurde besonders schön herausgeputzt, um sich den Tausenden von Besuchern im Jahr des Reformationsjubiläums 2017 würdig zu präsentieren.

Wie aber sah die Stadt vor über 500 Jahren aus, als der Mönch Martin Luther – eher unfreiwillig – dorthin beordert wurde, um zu promovieren und an der neu gegründeten Universität als Dozent zu lehren? Wir Heutigen würden den Ort wohl kaum wiedererkennen. Vielleicht die Stadtkirche? Oder das Schloss des Kurfürsten mit seiner Kirche? Wohl nur Leute, die sich mit Luthers Leben näher beschäftigen.

Es sind gewaltige Zeitsprünge, an die wir uns heute erinnern. Aber gerade für Wittenberg-Besucher ist es reizvoll, den baulichen wie geschichtlichen Veränderungen ein wenig nachzuspüren. Denn mit gutem Vorwissen schaut man „mit anderen Augen" in die Stadt.

Was vielen unbekannt ist: Lange vor Luthers Zeit hat Wittenberg schon eine herausragende reichspolitische Bedeutung im „Heiligen Römischen Reich Deutscher Nation" gespielt. Mitte des 14. Jahrhunderts verfügt der Kaiser in seiner „Goldenen Bulle" (vergleichbar der Verfassung), dass Wittenberg einen reichsrechtlichen Residenzstatus erhält. Der Sächsische Herzog Rudolf II., der Ende des 13. Jahrhunderts dort ein Schloss mit Kapelle errichtet hat, wird zu einem der sieben Kurfürsten des Reiches erhoben. Die Vorsilbe „Kur" hat dabei nichts mit medizinischer Rehabilitation zu tun. Diese mächtigen Fürsten küren (wählen) den König des Landes und auch den Kaiser des Reiches. Darum:

Auch vor Luther hat es schon eine bedeutende Entwicklung für die Stadt gegeben.

Die geschichtlichen Anfänge Wittenbergs sind aber noch älter. Sie lassen sich urkundlich bereits um 1180 nachweisen. Das Grafengeschlecht der Askanier, die aus dem Harz kommen, „kolonisieren“ und „christianisieren“ den noch unberührten slawischen Osten. Sie haben Erfolg. 1293 wird aus dem kleinen Flecken nahe der bescheidenen Askanischen Burg eine Stadt. Ihr Name ist ein wenig übertrieben: Wittenberg bedeutet „Ort auf weißem Berg“. Nun gut: Der Stadtkern liegt gerade mal zehn Meter über dem Flussniveau der Elbe!

2009 hat unsere Stadt übrigens eine erstaunliche Entdeckung gemacht: Bei archäologischen Ausgrabungen in der Klosterkirche der Franziskaner fanden die Forscher das Grab dieser ersten, ranghohen Fürstenfamilie: den Herzog und Kurfürsten Rudolf II. mit seiner Frau und Tochter. Das war schon eine rechte Sensation! Gäste können ihn heute in einer neuen Gruft an historischer Grabstätte besuchen.

1517: Kurfürst Friedrich der Weise – der heimliche Beschützer und Förderer des rebellischen Theologieprofessors – hat mit seiner neuen Universität die Stadt Wittenberg unbewusst zum Zentrum des geistigen Umbruchs im 16. Jahrhundert gemacht. Denn mit der Veröffentlichung seiner 95 theologischen Thesen zu „Ablass & Gnade“ stößt Luther einen Reformprozess an, der den Ort in kurzer Zeit hochberühmt macht. Alle wollen den Mönchs-Professor hören und seine neue Lehre studieren! Wittenberg platzt geradezu aus allen Nähten. In den 1530er-Jahren hat die Stadt mit ihren gut 2000 Einwohnern ebenso viele Studenten bei sich zu beherbergen. Eine echte Herausforderung! Die Universität „Leucorea“ muss unter Friedrich anbauen: Das neue „Friedericianum“ in der Collegienstraße entsteht. Und einer von Friedrichs Nachfolgern – Kurfürst August, nun in Dresden residierend – erbaut ein paar Schritte weiter vor dem „Schwarzen Kloster“ der Augustiner-Eremiten das baugewaltige „Augusteum“, um die vielen Studenten unterzubringen.

Ein Jahr nach Luthers Thesenanschlag kommt mit dem jungen Philipp Melanchthon eine weitere Geistesgröße nach Wittenberg. Er erhält die Griechisch-Professur an der Universität und wird bald zum engen Freund und Berater Luthers. Sein Programm neben der Mitarbeit an der sprachlich schwierigen Übersetzung des Alten Testaments sind die Reformen des Bildungswesens an Schulen und Universitäten. Man nennt ihn deshalb auch „Praeceptor Germaniae" (Lehrer Deutschlands). Damit der geniale Forscher und Pädagoge nicht von anderen Universitäten weggerufen würde, bauen Kurfürst und Universität ihm ein eigenes Haus in der Collegienstraße – heute ein interessantes Museum!

Leider haben in späterer Zeit mehrere Kriege ihre bösen Spuren in der Stadt hinterlassen:

1547 ist es ein Religionskrieg: Die Stadt wird belagert und eingenommen. Das Heer von Kaiser Karl V. besiegt im sogenannten „Schmalkaldischen Krieg" den protestantischen Kurfürsten Johann-Friedrich in Mühlberg an der Elbe, nicht weit von Wittenberg. Der Kaiser steht sogar an Luthers Grab in der Schlosskirche. „Lass ihn rausholen und verbrennen!", so seine katholischen Räte. Doch Karl widerspricht: „Ich kämpfe nur gegen Lebende – nicht gegen Tote." Stattdessen nimmt er Kurfürst Johann-Friedrich gefangen, entmachtet ihn und will ihn hinrichten lassen. Wittenberg verliert seinen Residenzstatus.

Lucas Cranach, der berühmte Wittenberger Maler und „Bildberichterstatter der Reformation" bittet persönlich bei Karl um Gnade für seinen Fürsten. Und tatsächlich: der „Nur-noch-Herzog" Johann-Friedrich darf am Leben bleiben. Lucas Cranach der Ältere folgt ihm sogar einige Jahre später in die Gefangenschaft. Er überlässt seine Malerwerkstatt seinem kongenialen Sohn Lucas Cranach dem Jüngeren. Und: Wittenberg darf seinen berühmten Reformator behalten!

1618–1648: Der furchtbare Dreißigjährige Krieg – ursprünglich begonnen wegen konfessioneller Spannungen – setzt auch Wittenberg übel zu. Nur mit Mühe kann die Universität ihre Bedeutung als Hort des Luthertums bewahren.

1706–1707: Im Europäisch-Nordischen Krieg, in dem es um die Vorherrschaft im Ostseeraum geht, besetzen die Schweden unter König Karl XII. zeitweilig die Lutherstadt.

1760 wird es ganz böse: Die von den Preußen besetzte Stadt wird von der Reichsarmee schwer beschossen – eine Episode des „Siebenjährigen Krieges". Weite Teile der Stadt, darunter auch Schloss und Schlosskirche, brennen aus und liegen in Trümmern. Nur langsam erholt sich die Stadt von den Kriegsschäden.

1814: Nun beschießen und erstürmen die Preußen die Lutherstadt, weil sie die Französischen Truppen Napoleons vertreiben, die sie seit 1808 besetzt haben.

1815 gibt es für Wittenberg traurige politische Folgen: Der Wiener Kongress strukturiert den Kontinent neu: Weil Sachsen zu spät der Allianz gegen Napoleon in den Befreiungskriegen beitritt, verliert das Land weite Teile seines Territoriums: Wittenberg wird nun preußisch. Die Universität wird „abgewickelt" und der Universität Halle angegliedert. Zwei Unis sind für die Preußen zu viel! Als kleines „Trostpflaster" richtet der preußische Staat im „Augusteum" ein Evangelisches Predigerseminar ein. Hier erhalten die Theologiestudenten im Rahmen ihres akademischen Studiums ihre gemeindepraktische Ausbildung. Sie predigen dabei auch in der Schlosskirche, die ja seit den Zeiten Friedrichs des Weisen gewissermaßen die „Aula" der Universität war. Damit wird auch verständlich, warum Martin Luther seine Thesen an die Tür der Schlosskirche heftete. Das war – so gesehen – völlig normal. Er wollte mit seinen Fachkollegen zu einer theologisch-wissenschaftlichen Disputation einladen! Die Kirchentür fungierte hier als „Schwarzes Brett" der Universität.

19. Jahrhundert: Die Preußen besinnen sich schließlich auf das lutherische Erbe der Stadt. Man weiß doch, was man dem großen Sohn der Stadt schuldig ist! Lebensgroße Denkmäler der berühmten Reformatoren Luther und Melanchthon schmücken den Marktplatz. Die Schlosskirche wird zum neugotisch-preußischen Gedenkort der Lutherischen Reformation umgestaltet. Der Kirchturm wird aufgestockt und erhält eine prachtvolle neogotische Turmspitze – gleichsam wie eine „Wilhelminische Pickelhaube". Oben umlaufend als lutherisches und machtvolles Bekenntnis der Wortlaut des Lutherchorales: „Ein feste Burg ist unser

Schloss und Schlosskirche (Foto: M. Hobrack)

Gott, ein gute Wehr und Waffen". Übrigens: Die Buchstabenfliesen sind aus edlem Meißener Porzellan!

Die 1760 im Original verbrannte Thesentür wird durch eine zweiflügelige bronzene Tür ersetzt. In ihr sind die 95 Thesen im lateinischen Originaltext eingeprägt. Ist es doch der Quellort der Reformation!

Doch man kann auch anders: Schloss und Universität werden kurzerhand zu preußischen Kasernen umfunktioniert. Wittenberg wird nun eine preußische Garnisonsstadt.

Heutige Gäste können sich den baulichen Zustand der stark befestigten Lutherstadt des Mittelalters sehr schön anschauen: Im Stadtmuseum am Arsenalplatz gibt es ein großartiges Stadtmodell auf einer riesigen „Tischplatte" – das preußische Wittenberg im Zustand von 1873. Die Fotos vermitteln einen kleinen Eindruck davon.

Nach 1873 wird die Stadt „entfestigt". Die Stadtmauern verschwinden. Die Wassergräben werden zum „grünen Gürtel" mit schönen Parkanla-

Markt mit Stadtkirche (Foto: M. Hobrack)

gen. Man braucht Platz! Etwa für die Soldaten, für Wohnquartiere und Exerzierplätze. Moderne Industrie siedelt sich an. Ein Eisenbahnknoten mit Brücke über die Elbe bringt neuen wirtschaftlichen Aufschwung.

20. Jahrhundert: Die beiden Weltkriege hat die Lutherstadt nahezu unbeschadet überstanden. Freilich leben zu DDR-Zeiten mit etwa 50000 einquartierten sowjetischen Soldaten und deren Kasernen ebenso viele Besatzer wie Einwohner in der Stadt.

1989–1990: Die gewaltlose, friedliche „Revolution der Kerzen" stürzt auch in der Lutherstadt das alte Regime. Große Freude über die Wiedervereinigung der beiden deutschen Staaten in Frieden und Freiheit!

Ab 1991: In atemberaubendem Tempo erneuert sich die Stadt in Straßen, Gebäuden und Infrastruktur. Die Lutherstätten, Kirchen und vieles andere werden aufwendig und tief greifend instand gesetzt. Marode Altindustrie wird abgerissen und durch innovative Firmenneugründungen ersetzt. Leider verlieren viele Bürger ihre Arbeit.

Elbtor mit Cranachs Grundstück (Foto: M. Hobrack)

Wer ein originelles bauliches Beispiel für die neue Zeit nach der „Wende“ in Wittenberg sehen möchte, dem sei der Besuch der „Hundertwasserschule“ empfohlen. Es ist das Luther-Melanchthon-Gymnasium. Wie kam es dazu? – Ein paar mutige Kommunalpolitiker besuchten mit einigen Schülern in den 1990er-Jahren den berühmten Maler, Architekten und Umweltschützer Friedensreich Hundertwasser in Wien. Erstaunlich: Sie schafften es, den Künstler für den Umbau eines DDR-Schulgebäudes zu gewinnen. Er gestaltete den ehemals langweiligen Plattenbau um und schuf für Freunde dieses Baustils einen echten „Hingucker“ – und das ohne Honorar!

2015: Arabische Flüchtlinge sind zu integrieren – neue große Herausforderungen für unsere freiheitlich-demokratische Grundordnung!

Die Stadt Luthers hat wirklich gewonnen – zum einen dank ihrer reformatorisch-berühmten Vergangenheit. Zum andern aber auch dank großzügiger föderaler Förderung durch EU, Bund, Land, Kirchen und private Sponsoren. Wittenberg sagt: „Herzlich willkommen!“ Die Stadt kann sich sehen lassen.

Michael Hobrack ist Ingenieur und war jahrelang Vorsitzender des Gemeinschaftsverbandes Sachsen-Anhalt. Er lebt in Wittenberg.

Eleonore Dehnerdt

Katharina – die starke Frau an Luthers Seite

192 Seiten, Taschenbuch
ISBN Buch 978-3-7655-4274-9
ISBN E-Book 978-3-7655-7341-5

Mit sechs Jahren wird Katharina von ihrem Vater ins Kloster gebracht. Doch die dicken Mauern engen ihren Blick nicht ein; aus dem Mädchen wird eine selbstsichere Frau. Als Vierundzwanzigjährige flieht sie zusammen mit sieben anderen Nonnen, weil sie mit dem neuen Gottesbild der Reformation in das Leben aufbrechen will. Sie lernt das Kinderhüten, Schweinezüchten und Bierbrauen, erlebt die erste Liebe und meistert alles mit bewundernswerter Eigenständigkeit. Schließlich will sie den Reformator Martin Luther selbst heiraten. Zunächst lacht dieser darüber, doch schon bald wird sie sein „Morgenstern“ und er ist „in ihre Zöpfe geflochten“ …

Die Biografie erzählt lebensnah die Geschichte einer starken, gläubigen Frau. Zugleich beschreibt sie anschaulich das Alltagsleben in der Reformationszeit.